除了野蛮国家，整个世界都被书统治着。

司母戊工作室
诚挚出品

[美]戴维·山利 (David Shanley) ———— 著

张雨珊 ———— 译

社恐
自救指南

The Social Anxiety Workbook for Work, Public & Social Life

人民东方出版传媒

东方出版社

图书在版编目(CIP)数据

社恐自救指南 /(美)戴维·山利(David Shanley)著;张雨珊 译 . —北京:东方出版社,2021.9
书名原文:The Social Anxiety Workbook for Work, Public & Social Life
ISBN 978-7-5207-2250-6

Ⅰ.①社⋯ Ⅱ.①戴⋯②张⋯ Ⅲ.①心理交往—通俗读物 Ⅳ.① C912.11

中国版本图书馆 CIP 数据核字(2021)第 156696 号

著作权合同登记号 图字:01-2020-6062号

社恐自救指南
(SHEKONG ZIJIU ZHINAN)
- -
作　　者:[美]戴维·山利(David Shanley)
译　　者:张雨珊
策　　划:王若菡
责任编辑:王若菡
装帧设计:谢　臻　谭芝琳
出　　版:东方出版社
发　　行:人民东方出版传媒有限公司
地　　址:北京市西城区北三环中路 6 号
邮　　编:100120
印　　刷:三河市金泰源印务有限公司
版　　次:2021 年 9 月第 1 版
印　　次:2021 年 9 月第 1 次印刷
开　　本:880 毫米 ×1230 毫米 1/32
印　　张:8.25
字　　数:134 千字
书　　号:ISBN 978-7-5207-2250-6
定　　价:49.80 元
发行电话:(010)85924663 85924644 85924641
- -
版权所有,违者必究
如有印装质量问题,我社负责调换,请拨打电话:(010)85924725

《社恐自救指南》对于任何社交焦虑者来说都是必不可少的，它已经准备好采取行动，帮助读者迎接这一挑战。作为一位作者，山利博士对焦虑有着充分的了解。他创造了一本实用指南，其中包含的信息和练习都有助于读者做出积极的变化，通过实践实现持久的疗愈。我全心全意地向所有社交焦虑者和治疗社交焦虑的从业者推荐这本书。

雷吉娜·卡尔森（Regina Carlson）

心理医生

　　很多人都希望找到有理有据的实用方法，来控制自己在日常生活各个领域的焦虑，《社恐自救指南》对他们来说是一个很好的资源。山利博士以一种极有条理、循序渐进的方式介绍了经过科学验证的接纳承诺疗法和认知行为疗法，激励读者利用个人价值观来掌控压倒性的恐惧和焦虑，迈向他们想要的生活。书中给出了取材自现实生活的具体例子和场景，以确保给读者带来工作场合、公共场所和社交生活领域的长期变化。

本·莫兰德（Ben Molland）

心理医生

山利博士写出了一本重点突出、结构清晰、简明扼要的指南，对于那些为社交焦虑而挣扎的人来说是一个非常好的工具。《社恐自救指南》区分出了受到社交焦虑影响的三个关键生活领域，使读者更容易对症下药。本书简单好读，通俗易懂，充满了引人入胜、循序渐进的练习，让读者可以实践所学。书中的内容以经过科学验证的学习原理为基础，已被证明有助于治疗社交焦虑。山利博士还分享了自己的社恐经历，使本书更加引人入胜。

艾伦·肯特（Alan Kent）

哲学博士

《社恐自救指南》对挣扎于任何一种形式的焦虑的人来说都是必读的。它提供了一种简单易懂、循序渐进的治疗方法，适用于那些最常见的引起焦虑的情况。山利博士的文风简单、亲切、平易近人。我会向我的来访者推荐这本书！

纳赫德·巴拉卡特（Nahed Barakat）

心理医生

在这本有用且实用的指南中，山利博士介绍了现实世界中的例子，并邀请读者反思社交焦虑可能会如何影响自身生活的各个领域。《社恐自救指南》为社交焦虑者提供了实用的工具，帮助他们直面恐惧。本书为所有社交焦虑者，以及所有希望在日常交往中建立自信的人提供了有益的指导。

克莱尔·迪恩·辛克莱尔（Claire Dean Sinclair）

心理医生

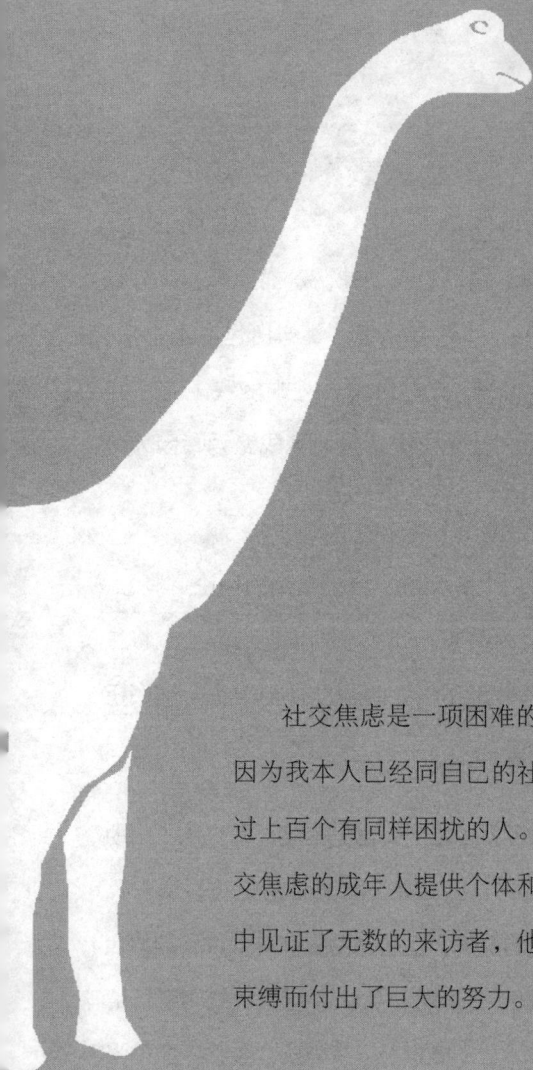

　　社交焦虑是一项困难的挑战。之所以这么说，是因为我本人已经同自己的社交焦虑抗争多年，也治疗过上百个有同样困扰的人。多年来，我专门为患有社交焦虑的成年人提供个体和团体心理治疗，在治疗室中见证了无数的来访者，他们为了摆脱焦虑对生活的束缚而付出了巨大的努力。

　　最初，是我个人的困扰吸引我进入了这个领域。我曾经是一个十分害羞的孩子，无论是在课堂上回答问题、和家人出去聚会，还是加入一个新班级或参加课外活动，一旦我感到处境尴尬，便会如坐针毡，肾上腺素猛然涌上来。当我必须面对陌生人，或者和不

熟悉的人聊天时，我能感觉到自己心跳加速，胃部缩紧，体温也
随之升高。通常情况下，我只能僵在那里，一句话也说不出来。
尽管有幸交到过一些好朋友，但社交焦虑一直跟随我上完了初
中、高中、大学。在大学里，社交焦虑害我谈不成恋爱，因为和
女人说话会把我吓得要死。

在攻读心理学博士学位时，我实践了自己学到的理论、概念、
技巧，得到了一些极有意义的改善。这些理论和技巧都是你将在
本书中学到的，它们曾给我带来了极大的帮助，相信也会彻底扭
转你的人生。

本书内容涵盖了社交焦虑者会遇到的常见困境，并提供了帮助
你在这些情境下改善表现的方法。这些方法的优势是可以举一反
三，不仅仅适用于书中描述的情境，还能帮助你应对各种不同的焦
虑触发情境。换句话说，即便书中没有具体讲到你遇见的特殊情
况，仍然不必担心。因为如果一个概念可以帮你解决候诊室里的强
行聊天，也就可以帮你应对公交车上突然与你攀谈的陌生人。

相信我，这些策略真有效！我的许多来访者都取得了显著
的进步，得以尝试新的活动，建立了自信，社交焦虑也不再能阻
拦他们获得新的友情和其他亲密关系。你一定也可以！

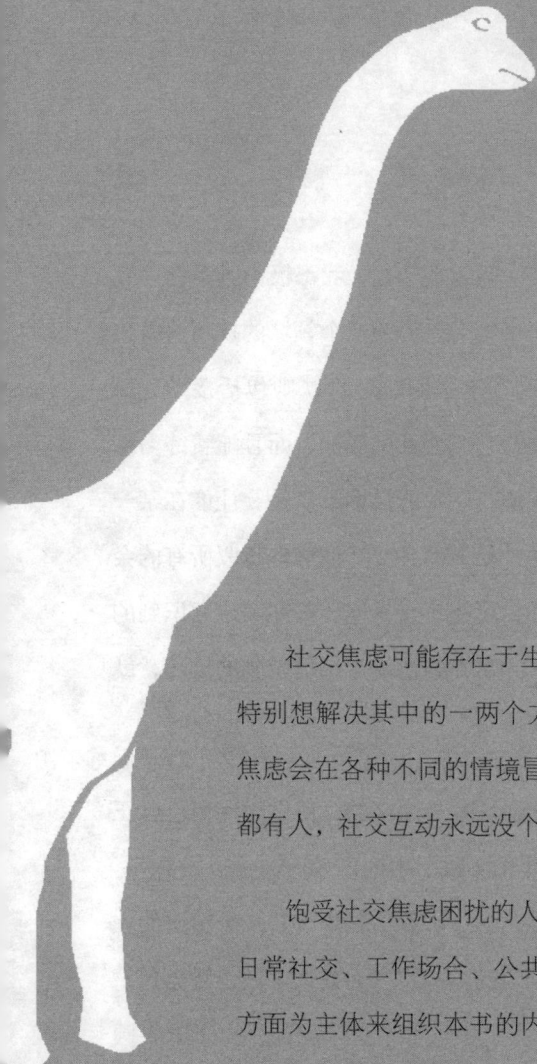

如何使用本书

社交焦虑可能存在于生活中的方方面面。或许你特别想解决其中的一两个方面，但你也有可能发现，焦虑会在各种不同的情境冒出来，原因很简单：到处都有人，社交互动永远没个完。

饱受社交焦虑困扰的人往往挣扎于以下三个领域：日常社交、工作场合、公共场所，因此我是以这三个方面为主体来组织本书的内容的。如果你买这本书是为了解决某一个具体的问题，比如在工作中做报告，可以直接去阅读这一部分，而不必看关于日常社交和公共场所的内容。这样做没什么问题，但你要保证先看完第 1 章和第 2 章，这样才能具备基本的背景知识，从而理解特定的焦虑症状，以最合适的方式应对它们。

但是，无论你面临的具体问题是什么，我都极力推荐你读完本书的所有章节，完成每一个练习，因为一个领域的技巧可以扩展到其他多个领域。贯穿这本指南的心理学原则包括接纳、暴露、承诺、正念以及灵活性，它们会互相影响，而且随着练习增多，你的收获将会呈指数式增长。我的目标不仅是要让你在某一场工作会议或某一次聚会中放松，而且要让你能够驾驭所有的会议、聚会、社交活动！此外，可能还有其他一些你尚未意识到的场合，也会触发你的焦虑。经常在新情境下练习学到的技巧，就能更长久和迅速地摆脱焦虑。

最后，为了能最大限度地从本书中获益，请你确保自己以正念、开放、用心的方式阅读和实践书中的内容、方法以及练习。如果你在第一次读完一个练习后，听到头脑中响起一个讨厌的焦虑声音，比如"我做不到""我会失败""如果这样做，我会焦虑而死"，不要怕！从来没有人是被这些练习吓死的，也没有人因为它们突发心脏病，或者因为太焦虑而崩溃，所以你也不会的。对自己耐心一些，宽容一些，充分享受这趟旅程。你在一路上结交的朋友越多，对待自己的经历就会越开放，也就能从本书以及生活中获益更多。

目　录

引言　　　　　　　　　　　　　　　　　　　I

如何使用本书　　　　　　　　　　　　　　　III

第1章

理解社交焦虑 _001

什么是社交焦虑 003

社交焦虑的症状 006

回避的陷阱 019

回避之外的选项 023

你想在哪些领域做出改变 027

第2章

应对焦虑的工具箱 _033

哪些方法可以缓解焦虑 035

正念 040

暴露 047

接纳 054

认知重构 062

让我们开始行动吧 068

第 3 章

日常社交 _071

你的社交生活怎么样　　　　　　　　　　075

制订与朋友一起玩的计划　　　　　　　　080

参加聚会　　　　　　　　　　　　　　　088

和孩子有关的事件　　　　　　　　　　　098

公众活动　　　　　　　　　　　　　　　101

邀请朋友来家里　　　　　　　　　　　　110

约会　　　　　　　　　　　　　　　　　115

第 4 章

工作场合 _123

你的工作生活怎么样　　　　　　　　　　127

参加会议　　　　　　　　　　　　　　　135

区分"工作"和团建　　　　　　　　　　140

做报告　　　　　　　　　　　　　　　　147

与老板打交道 153

加薪、绩效评估和人事 162

第 5 章
公共场所 _171

你的公共生活怎么样 175

与服务人员的事务性互动 181

电影之夜 187

外出就餐 194

去酒吧 202

公共场所的闲聊 206

第 6 章
未来的生活 _213

长期展望 215

针对你的焦虑提出挑战   219

找到适合自己的东西   224

预防复发   231

寻求支持   236

相关资源   **239**

参考文献   **241**

译 后 记   **243**

第 1 章

理解社交焦虑

什么是社交焦虑

基本定义

我们用"社交焦虑"（social anxiety）这个术语来描述在社交情境中产生的强烈、不舒服的生理心理感受和想法。大部分人都清楚焦虑的感觉：心跳加速，胃里或胸腔里好像打了结，冷汗直冒，还有"大事不好，在劫难逃"的想法。社交焦虑就是在人际互动、需要表现自己的场景或其他社交性质的情境中，特别是那些可能会被他人评价的情境中出现的焦虑情绪。

区分社交焦虑、广泛性焦虑和害羞

我们可以通过焦虑出现的情境区分社交焦虑和广泛性焦虑。社交焦虑者待在家里、独自一人，或在其他"低压力"的环境中是很放松的。相反，广泛性焦虑是指在各种情境下都感到焦虑，无论是否需要社交，甚至在回家后或离开触发焦虑的社交场景后也无法放松下来。患有广泛性焦虑的人往往会持续担忧事情变糟，担心自身的安全，难以专心做事，总觉得会有灾难降临在自己身上。

在这里，我也要区分社交焦虑和害羞。害羞是一种性格特质，许多人在小时候都有过亲身体会。小孩子在开学第一天往往会很紧张，也不愿意在跟着父母参加聚会时和其他成年人交谈。相反，有一些人好像就是为聚光灯而生的，他们热衷于成为关注的焦点，能和任何人在任何场景中交谈，在课堂上踊跃举手，自愿加入学校的戏剧社。许多小孩的性格特质在长大成人后并没有改变，有些害羞的孩子长大后也一直饱受社交中的尴尬的困扰。其实，所有孩子和成人都处在害羞和外向这两极之间，个人的性格特质和成长环境都会对其造成影响。

然而，社交焦虑障碍是一种长期存在的更严重的心理症状，会显著影响个体在一个或多个生活领域的功能。许多害羞的孩子长成了必须和社交焦虑搏斗的大人，但也有许多孩子从害羞的壳子里走了出来，不再受到影响，充实地继续生活。那么问题来了：为什么有的人发展出了严重的社交焦虑症状，有的人却没有呢？

　　这个问题无法简单作答。但是，私人经历是导致焦虑的一个主要因素。在我们生活和成长的过程中，也有一些运气的成分。一个害羞的孩子或许一开始就交到了几个好朋友，这些朋友为他提供了前往更困难的社交场所接受挑战和冒险的勇气。他练习得越多，获得的成长就越多，感受到的焦虑也就随着时间的增长而变得越来越少。相反，另外一个孩子的家庭或许不太美满，没有任何可以交心的朋友，于是从小就意识到，人际关系和友情是危险或者根本无法得到的。他越是回避这些关系，就越会觉得焦虑，也就越来越可能回避更多的社交投入。本书中一直强调，如果你有更多机会去体验一些触发焦虑的情境，在这些情境中就会越来越自如。

　　就像害羞一样，社交焦虑也有一个谱系范围，症状的严重程度因人而异。正在阅读本书的你或许仅仅在陌生人身边会感觉不适，但完全可以和朋友相处自如。又或者你可以应付陌生人，却难以将熟人发展为真正的好友。无论你的困难是什么，都能从本书中找到相应的策略，并在各种令你感到焦虑的社交场景中充分使用它们。

社交焦虑的症状

　　我在上文中已经提到了几种社交焦虑的症状，现在让我们看看你在每天的生活中所面对的焦虑的细节。所有焦虑症状可以分为三组：生理、认知和行为。

生理症状

　　大部分人首先意识到的都是生理症状，继而触发随之而来的认知和情绪体验。想象你要去参加一个派对，正拾级而上，即将按响邻居的门铃。你的身体感受如何？心在怦怦跳吗？手心出汗了吗？胃里是不是在隐隐地泛恶心？是否觉得喉咙发紧，呼吸急促？有没有开始发抖？如果你身处一个触发焦虑的困难情境下，上述这些都是常见的生理症状。你可能会发现，哪怕只是预想一个吓人的社交场景，也足以令这些症状出现。你可能会在事件真实发生的几分钟前、一小时前或者一天前就感受到它们。这些提早出现的生理症状会极度干扰你的正常睡眠和饮食模式。

　　社交焦虑者经常会因肠应激综合征或其他消化问题而求医，这就是焦虑的生理表征。这些症状很讨厌，让人不舒服、无法集中精力，也会让人觉得最好的选择就是彻底逃避引发它们的社交情境。但这恰恰是焦虑这个敌人的狡猾之处——回避，只会让事情变得更糟。这一点会在后文中详细讨论。

心理症状

　　除了生理症状之外，还有一些心理症状，可能是人们的认知（特定的想法）或情绪（根据情况而产生的愤怒、悲伤等）。焦虑的头脑可能产生各种各样的消极想法，没有必要在此一一列举，但是社交焦虑者很可能会有一些相通的经历。

　　让我们快速地做一个小练习。想象你马上要在工作中做一个演讲，以下这些焦虑的想法是不是听起来很熟悉："每个人都会评判我。""我会被拒绝。""我不够好。""我会失败。""我会很丢脸。""我不知道要说什么。""我太无趣了。"当你识别出自己的认知过程，以便更好地应对它时，就会注意到上述想法是有一些共同点的：对未来做出了一些假设。你假设事情会很糟，只关注自己的缺点和不足。

行为症状

我们主要讨论的行为症状是回避和逃跑。由于人类天生的生理机制，我们在面临危险的处境时不仅会回避和逃跑，还会因为这种行为能使我们镇定或放松下来，而不断继续这种行为。这就使得焦虑的行为方式和习惯更加难以打破（尽管并非不可能）。

除了这些行为以外，社交焦虑者还经常通过其他创造性的方式寻求安全感，试图控制状况，例如保持沉默、与他人保持距离，或使用化学物质麻痹自己。

◎——练习——

认识你的焦虑

请花一些时间（至少 5 分钟）进行这项练习。仔细思考你所有的焦虑症状，不论它们出现在什么时间、地点，也不论出现频率有多高。在你经历过的症状前打勾，并在下方空白处列举出其他列表里没有的症状。

□心跳加速   □胸口产生压迫感

☐ 胃部不适，恶心　　　　　　☐ 喉咙发紧

☐ 呼吸急促　　　　　　　　　☐ 快速呼吸／过度呼吸 [①]

☐ 手掌或其他身体部位出汗　　☐ 感觉很热

☐ 肾上腺素激增　　　　　　　☐ 颤抖或战战兢兢

☐ 双手发抖　　　　　　　　　☐ 双腿站不稳

☐ 头晕　　　　　　　　　　　☐ 视线模糊

☐ 感觉要晕倒了　　　　　　　☐ 进食困难

☐ 睡眠困难　　　　　　　　　☐ 难以专注

☐ 性功能／性欲受到影响　　　☐ 思绪翻腾

☐ 思维反刍 [②]　　　　　　　☐ 灾难化（假设最糟糕的结果）

☐ 预期性恐惧　　　　　　　　☐

☐ ·····················　　　☐ ·····················

☐ ·····················　　　☐ ·····················

得分：·············

---

① 过度呼吸症候群／过度换气症候群（Hyperventilation syndrome），是急性焦虑引起的生理、心理反应，发作时患者会感到心悸、出汗，因为感觉不到呼吸而加快呼吸，导致二氧化碳不断被排出而浓度过低，引起次发性的呼吸性碱中毒等症状。——译者注

② 指反复思考、回想某个场景或某种感觉。——译者注

数一数你一共勾选了多少个症状。0 ~ 9 代表中低水平焦虑；10 ~ 18 代表焦虑对你的生活产生了显著影响；如果你选择了 19 个或以上，焦虑或许已经蔓延到了你生活的许多方面。

焦虑是怎么影响你的

现在你已经能够觉察出特定的社交焦虑症状了，让我们再来看看它们是怎样影响你的生活的：回避让你付出了什么代价？你错失过哪些机会？这样的情况持续了多少年？你因为焦虑而放弃过哪些友情、爱情、工作机会或者有趣的活动？

练习

正念觉察

停下来，花点时间慢慢思考你要如何回答上述问题，如何进行书中不同的练习。我希望你能正念 ① 并认真地对待它们。你的目的并不

___

① 正念指有目的、有意识地关注和觉察当下的一切，但不对其作任何判断、分析、反应，只是单纯地觉察它、注意它。——译者注

是要快速读完这本书，真正的目标应该是了解自己和自己的焦虑，这样才能摆脱困境。花几分钟时间，在下方空白处写下你的想法，回答上文中有关焦虑如何影响你的生活的问题。

....

....

....

....

....

....

....

....

....

....

....

....

你的社交焦虑出现在哪里

当你和朋友单独会面时，会焦虑吗？还是说你在和一群人相处时才会焦虑？如果除了聊天之外并没有其他活动，比如去别人家烧烤，大家坐在一起，你会焦虑吗？或者说，在进行某个有计划的活动时，你需要担心自己的表现，比如打保龄球或网球，这时你的焦虑会更明显？在工作中，当你和同事或老板在一起的时候，会焦虑吗？焦虑是主要出现在公共场所，当你被迫和陌生人闲聊的时候吗？

◎—— 练习 ——

你在哪里感到焦虑

回想一下，在之前的练习中列举的焦虑症状里，有哪些在上个月出现了？它们是在什么时候、在哪里出现的？在哪些情况下，你迅速离开了，哪些情况你痛苦地熬了过去，哪些完全回避掉了？如果你总是设法避开使自己焦虑的情境，可能就不会体验到太多的焦虑症状。请在下方空白处列出你想到的情境。

现在回想过去的 6 ~ 12 个月。你因为焦虑错过了哪些机会？哪些目标没有实现？或者，你因为可能触发焦虑而避开了哪些活动？或许你尝试过网友线下聚会，加入运动社团，或者在酒吧里玩快速问答游戏，但是因此焦虑飙升，于是再也没去过第二次。又或者，你为了没人和自己约会感到难过，但只是想到要去约人，就感到不知所措，害怕得无法开始。在阅读本书时，请牢记那些被你错失的机会。毕竟，它们就是你阅读本书的原因——为了不再错失机会，开始你想要的生活。

回避、逃跑和安全感行为

当社交焦虑者遇到引发焦虑的情境时，比如在派对上和一个不太熟的人闲聊，他们大多会竭尽所能避免焦虑。一般来说，人们会使用三种应对机制来躲避焦虑，尽管它们都是无益的：回避、逃跑、寻找或创造安全感。下面让我们具体来看看每一种反应。

回避行为就像其字面意思一样，指彻底回避那些令人感到焦虑的情境。举个经典的例子，你可以说自己"病了""太累了""工作压力大""很忙"，以此来拒绝某个邀请。大多数人都能接受这些借口，所以，当你既想要回避社交互动，又不想得罪人的时候，就会轻而易举地使用这些借口。

逃跑行为与回避行为有轻微的区别。逃跑的意思是，你已经勉强来到了某个社交情境，但又立刻想办法走人："抱歉，我要回家喂狗。""我身体不太舒服。""我太累了，今天起得特别早。"对于社交场合来说，许多人觉得最起码要露个脸，但是当真的身处其中时，焦虑指数太高，他们便会想办法尽快离开。

安全感行为有许多形式，但都具有相同的目的：让你在触发焦虑的情境中感到更安全。比如，在表亲的婚礼上与陌生人聊天对你来说太可怕了，于是为了让自己感到更安全一些，你决定在婚礼上玩手机、喝酒、只和熟人说话，或者做其他在你舒适区之内的事情。

在回避、逃跑、寻找或创造安全感这三种无益的应对机制中，回避显然是最成问题、最影响生活的。长期回避的人不仅会错失许多有趣的机会，也一直在剥夺自己去体验那些危险情境的机

根深蒂固的焦虑

早期人类经常要面对掠食者和其他威胁生命的情况，我们是从他们进化而来的，因此，我们会努力避免任何潜在的危险。然而在现代生活中，不再需要与狮子搏斗或者用长矛捕猎猛犸象了，而我们的神经系统依旧无法分辨生死攸关的斗争与某些无害的日常事件，比如工作例会。于是，我们便陷入了焦虑之中。

大脑的知觉区域直接连接着杏仁核，而杏仁核控制着恐惧反射。每当杏仁核接收到威胁信息，就会让交感神经系统激活"战斗或逃跑反应"，于是，那些你再熟悉不过的焦虑症状就出现了。血液和氧气加速泵入你的身体，为肌肉做好肉搏或飞速逃跑的准备。如果你真的面临威胁，这种反应可以助你活命，但是在大多数情况下，你只是感到自己的心跳和呼吸莫名加快了。

当你的身体将资源都用于进行战斗或逃跑反应时，其他生理过程（如消化食物、性行为和更高水平的认知加工）就会受到影响，这是因为你的身体在大战剑齿虎时，根本不会去关心诸如此类的事情。因此，焦虑症状通常包括胃部不适、消化不良和难以集中注意力。

克服焦虑的关键是训练你的大脑改变对触发事件和感知到的威胁做出的反应，正念地接纳而不是一味回避。渐渐地，大脑懂得了这些危险仅仅是触发事件，并不会威胁到生命。这很不容易，但我相信，熟能生巧。

会。他们从未尝试过，因此对那些情境的消极假设，比如"我会很丢人""所有人都会讨厌我"等，便会彻底在头脑中固化，让他们更加觉得最好的选择就是待在家里，回避掉所有恐怖的社交可能性。

回避的陷阱

人类的进化使我们有能力回避看起来危险的事物,这是一个便捷有利的功能,因为它能帮助我们在危及性命的环境中存活下来。但问题是,焦虑的头脑会无中生有,到处都能看到威胁,如果任由焦虑情绪来判断什么是安全的、什么是需要回避的,很快就会遇上麻烦。

回避行为的狡猾之处在于,它看上去很有效,最起码在短期内能够起到作用。比如,我今天要和老板开会,因而特别紧张,于是便说自己生病了,要请病假。这样我会立刻得到解脱。看,这个办法有用!今天不用去见老板了!焦虑暂时减轻让我们感觉良好,于是这就会激励我们,强化回避行为,让我们在遇到下一个类似的情境时更倾向于选择回避——既然它能让我解脱,有何不可?但关键在于,你不可能回避掉生命中所有让你紧张的事情,它们是人生常态。如果你真的这样做了,很快就会发现自己的生活圈子变得越来越小,选择越来越少。这就是回避行为为你设下的陷阱。

　　面对社交焦虑，必须记住的一个关键是：那些我们所认为的威胁——聚会、演讲、同陌生人闲聊，其实并不危险。和老板开会不会危及你的人身安全。当然，它确实有可能带来不好的结果，甚至是很糟糕的结果，比如让你丢掉工作。但是，这件事在一场普通会议后发生的概率能有多大呢？而且，就算它真的发生了，你是不是也有能力应对这个结果呢？应该是的。既然你之前找到了一份工作，就有能力再找到一份。

　　在这个情境下，你其实是很安全的。只不过你担心自己可能在会议中被评判、得到反馈，或者必须在众目睽睽之下谈论想法，于是焦虑便乘虚而入。然而，上述这些都不是危险，你也不需要回避它们。事实上，比起去参加会议，回避会议反而更容易让你在工作中出问题！许多触发焦虑的情境都是这样：回避只会让问题变得更糟。例如，如果不去朋友家参加烧烤，可能就会显得有点不可靠、不重视友情，或者让你感觉自己和朋友疏远了——显然你不可能参与这种事，作为朋友理应想到这一点。但不幸的是，不是所有人都有这样的理解力，拥有社交焦虑的我们有时候必须直面这些场景。

　　回避会在短期解决焦虑，却在长期加重焦虑，因为这一行为是基于对根本不存在的危险的错误认知而做出的。那个当年能够避免你被狮子吃掉的生理系统，如今也在努力工作，试图把你从约会的"威胁"中解救出来。然而，这个系统根本没必要在这些情境下保你安全，现在的它对你来说弊大于利。尴尬和被拒绝从来都不好受，但并不会让人丧命。长远来看，如果你学着应对自己的社交焦虑，正确看待这些让人不舒服的情绪，会比一直回避它们更加轻松。

现在，你可能正在自言自语："我以前也尝试过社交，但一直被人拒绝。这很伤人，我为什么还要继续呢？"如果是这样的话，我想说，听到你曾经因被拒绝而难过，我心里也不好受。但是，可能也有许多时刻，你被接纳了。而且你并不能预知未来，不知道下一次会遇到什么样的人，也不知道会在哪儿找到下一个好友或伴侣。当然，你确实可能会再次受伤，但还有另一种可能性，那就是事情会好起来，你的生活也会因为你鼓起勇气冒了个小风险而变好。而回避只会给你唯一一种可能：一无所获。

或许，回避行为最大的弊端是增加焦虑，因为它会强化你对于危险的错误认知。你越是相信"我不能和别人说话，他们会觉得我很无趣"这种想法，就越会回避与人交谈，这个信念也就变得越来越牢固。焦虑思维出现的时候，你的每一次回避都为"我不够好"的个人叙事添了一笔，甚至不曾给自己一个机会，看看自己是不是真的会被拒绝。我想再强调一遍：如果想减轻焦虑，过上充实的生活，那么打破回避的循环便是重中之重。

回避之外的选项

认识到你可以改变做法，是改掉回避习惯的第一步。就拿你和同事出去喝酒来举例。显而易见，如果不回避的话，你所要做的就是——去。这意味着尽管你的焦虑系统拉响了警报，一直提醒你回避这个"威胁"，但你已经做好了打算，觉得自己可以应付它，因为你知道它并不是真正的威胁。它可能是不舒服的，但绝不是危险的。

抵制了回避陷阱的你可能一到酒吧就想逃跑。比如，你可能刚走进酒吧就立刻盯着出口、卫生间或钟表，盘算着怎么跑或者什么时候跑。我要再次提醒你：你并不是非跑不可，因为这个情境中不存在任何威胁。你会看到同事露出某种尴尬的表情吗？会在平淡无奇的对话中感受到不舒服的停顿或一阵沉默吗？也许会。如果发生了这些事，你能挺过去吗？一定能的。

如果你没有急着逃跑，你的大脑可能也会让你站在角落里，等着其他人过来找你，或者让你玩手机以及做出其他寻求安全感的行为。尽管这些行为已经比压根不出来喝酒好多了，但它们并不能帮助你实现与他人互动，最终在社交场合感到更加自如的目标。就像回避一样，寻求安全感也会使你离目标越来越远。

除了回避和寻求安全感之外，你也可以选择不去在意那些焦虑的声音，直面自己的感觉、迎难而上，挑战消极想法，采取积极行动。在酒吧这个情境中，你可以先找到某些相处起来比较自在的熟人，跟他们打招呼，然后和他们简单聊聊工作、酒吧或者周末的计划。

练习

你有哪些其他选择

在任何社交场合，我们都要诚实地面对自己的纠结之处和回避方法。你觉得自己的哪些行为被压抑、限制了？你在哪里退缩了？

在表格的第一栏，至少写下你遇到过的 5 种不同情境。在第二栏写下可以替代回避的行为。例如，如果你打算去朋友家烧烤，然后独自站在角落里，替代行为可能就是去和主人聊天，甚至要求主人把其他人介绍给你。如果你一直因为讨厌某个同事的处事方式而避免和他一起开会，回避的替代行为可能就是安排一场会议，写下你想沟通的要点，当面和他讨论，或者发邮件讨论。

　　接下来，看向表格中的替代行为那一栏，使用最右边的两栏为每种行为打分。第一个评分是替代行为的难度，范围为 1~10（1 代表"非常容易"，10 代表"非常困难"）。第二个评分是你使用这种替代行为的可能性（1 代表"不可能"，10 代表"很可能"）。请记住，这些行为诱发的焦虑和执行它们的困难程度，和你采取行动、尝试新行为的意愿无关。如果你在生活中经常遇到某个具有挑战性的情境，或者这个情境对你而言非常重要，我希望你尽可能尝试新的行为，即便这对你来说可能很困难。

困难情境	替代行为	困难程度（1~10）	可能性（1~10）

（续表）

困难情境	替代行为	困难程度（1-10）	可能性（1-10）

你想在哪些领域做出改变

既然已经确定了希望做出哪些改变，现在，是时候坦诚地思考一下，你在人生的各个领域里最看重的是什么了，也就是对你来说什么最重要。你必须决定要在哪里下功夫，而这些价值观就像指南针，在你设定目标、采取行动时引导着你，让你朝着最重要的事情前进。

并非所有人生领域对每个人都同样重要，但是既然你会打开这本书，我姑且假设社交焦虑限制了你人生中的一个或多个重要方面。让我们一起找出这些领域吧！这样你便能够量身定制出最适合自己的计划。在确定价值观时，请询问自己两个主要问题：

1. 人生中的哪些方面对我来说最重要？

2. 在这些情境下我该如何行动？

除此之外，还要请你思考自己想要在这些情境下表现出怎样的人格特质，例如诚实、幽默、正直、同情心、领导力等。长远来看，你不会希望自己在人生的重要领域里仅仅露个面，而是希望真正地、充分地参与进来。同朋友、亲人和爱人建立真正诚实开放的关系，听起来可能会有些可怕，因为我们本来就会害怕自己脆弱的一面。但是，由此你将获得真正的接纳，与他人建立更深层的关系。在工作中，你是否也希望自己的想法、创造力和其他优势真正被他人看到，真正在会议、电子邮件和团队项目中展现出来？还有人生的其他领域呢？你是不是一直想要尝试更多东西，发展业余爱好或进行创造性的尝试，却由于担心失败而退缩了？

要记住，回避会自我强化，让我们只想留在舒适区。但是，舒适区里并没有多少鲜活的意义，只是围绕着所有那些让我们感到恐惧的事情不停地胡思乱想。你也许宁可待在原地，也不愿踏入困难重重的社交环境，但是，你永远不会在舒适区里感到真正的舒适。我们最珍视的事物——那些具有挑战性、激动人心、会带来回报的事物，通常在舒适区之外，所以其实那里才是你想去的地方。本书中的练习和策略不可能为你创造一种与焦虑绝缘的生活，但它们确实可以帮助你不被焦虑阻碍，自由地去追寻生命的意义和自我实现。认识到自己的价值观，将有助于这一切成为现实。

◯ 练习

你看重的是什么

请查看下方列有各种人生领域的表格，思考你对每个领域的重视

程度（1-10）。

人生领域	价值（1-10）	人生领域	价值（1-10）
家庭		经济实力	
朋友		娱乐 / 休闲 / 旅行	
健康		精神世界	
工作 / 事业		所属集体 / 圈子	
教育 / 学习		其他	

接下来，用下面的空白圆圈制作一张饼图，用较大的部分代表你

更关心的领域，较小的部分代表你不太关心的领域。请关注这项练习

带给你的感受。人生中不可避免地涉及种种选择和权衡，我们不可能

在每件事情中都投入 100％ 的时间和精力。

现在，请思考下方列出的性格特质，或者自己写出一些性格特质，并从中选出三种你真正想要拥有的。你想怎样处世？你希望别人如何看待你？在下方空白处写下这三个特质。

- 有成就
- 快乐
- 信守承诺
- 有同情心
- 善于合作
- 勇敢
- 率直

- 公正
- 豁达
- 诚实
- 幽默
- 正直
- 独立
- 善良

- 无忧无虑
- 忠诚
- 坚持不懈
- 受尊重
- 有一技之长
- 随性
- 信任他人

- 有活力
- 知识渊博
- 值得信赖
- 兴致勃勃
- 有领导力
- 有智慧

1. ....

2. ....

3. ....

　　最后，多花点时间，仔细考量你在这项练习中选出的三种特质。向自己做出承诺，要按照选定的价值观来生活。

━━━━━━━━━━━━ **小　结** ━━━━━━━━━━━━

● 理解社交焦虑是解决它的第一步。了解令你焦虑感上升的具体社交情境、线索、触发事件。

● 了解你的身体和心理是怎样在生理、心理和行为层面对焦虑做出反应的。这些就是你要着手改变的地方。

● 不要落入回避的陷阱！找出那些你选择回避的场景和环境，弄清楚为什么。这会为接下来的工作提供引导。

● 进行头脑风暴，想出回避以外的应对方法，并付诸实践。

● 明确你的价值观，让它们指引你的行为，而不是受焦虑所控。重新做自己人生的主人！

第 2 章

应对焦虑的工具箱

哪些方法可以缓解焦虑

在本章中，我们将探索一些最合适的方法，帮助你在日常生活中更有效地管理焦虑。请记住，我们的最终目标是让你直面自己的焦虑，接纳随之而来的所有想法、情绪和感觉。你将由此获得自己想要的社交生活，并逐渐减少焦虑感。无论是工作中的社交活动还是初次约会，当你进入一个可怕的社交情境时，都可以在这里找到多种有效方法。我们将要探索的关键策略包括正念、暴露、接纳和认知重构。让我们快速浏览一下每种策略及其适用的一些情境。

正念适用于一些困难或需要表现的情境，例如与老板或同事开会。这一方法的目标是让你沉静下来，关注并停留在当下，这样你就可以专注于手头的任务，而不是焦虑的想法。

暴露是一种可以供你检验焦虑想法真实性的方法。打个比方，如果你害怕在派对上讲话时会遭人嘲笑，那么现在就应该把担心抛诸脑后，跳出自己的舒适区，随便开口说点什么！这是最好的学习方法，可以让你意识到自己的能力：你比自己焦虑的头脑所

健康的躯体，健康的心灵

有三件事是你在进入本章的练习之前就可以着手去做的，将它们变成日常生活的一部分，可以充分开发你的生理、认知和情绪资源。这三件事是：充足睡眠，健康饮食，规律运动。

睡眠：请保持规律的睡眠时间。每天在同一个时间起床，并且睡足 7 ~ 8 个小时。注意睡眠卫生，不要在床上使用电子产品，不要太晚进食。睡眠是心理健康中极为重要的因素。

饮食：越来越多的研究揭示了肠道状态和情绪状态之间的联系。为了保证肠道健康，请均衡饮食，摄入高纤维和较少加工的食物，正念进食，对进食保持觉察，且尽量减少烟酒、药物的摄入。

　　运动：理想状态是至少每天运动半小时，每周运动五天。许多人会觉得没有时间，但如果忽视健康，等病痛来袭时就更没有时间和精力去应对了。你可以找一些方法在家里或周边锻炼，并不需要去昂贵的健身房。有点创意：俯卧撑、仰卧起坐、引体向上、慢跑、瑜伽或者骑自行车，这些都是可以缓解压力和焦虑的方法，还能让大脑释放产生积极情绪的化学物质。

想象的更强大，你所担心的最差状况往往不会成真。

接纳是回避的反面。举例来说，你正准备同心上人第一次约会，这对任何人来说都是一个望而生畏的情境，那么请接纳这些焦虑感，为它们腾出空间，然后照常赴约。焦虑的存在并不意味着一定会破坏你的好时光，更不会让你根本无法出门。

认知重构是一种很好的工具，可以帮助你克服那些反复出现、让你困扰不已的消极想法，例如"我太无趣了"或"没人会喜欢我"。认知重构可以将这些想法缩减到适当的程度，帮助你对自己保持清晰的认识。

刚开始，你可能会发现以上方法中有一些很困难，但是你练习得越多，它们就会变得越容易，你也会越快从焦虑症状中缓解。我鼓励你挑战自己，在困难的情境下练习这些方法，当然在中等或者舒适的情境下也可以尝试，比如工作中、和朋友在一起的时候、公共场合等。在威胁较小的社交情境下进行常规练习有助于将这些方法牢记在心，当你真正需要它们的时候，应用起来便可得心应手。

在完全领略到掌握新方法的好处之前，请保持耐心。在治疗

焦虑症时，没有什么方法能药到病除。重新掌握生活、追求社会
目标和兴趣爱好是一生的旅程，随着你把自己的价值观和愿望
（而不是焦虑）作为驱动力，收获将越来越多。话虽如此，其实
在你刚开始实施这些方法后不久，应该就能看到一些实际的改进
和变化了。

正念

正念其实已经存在了数千年，但直到最近才成为西方文化中行为疗法的核心。简而言之，正念意味着专注当下，对经验和感受不加评判，保持开放。你会不带执念地观察，注意到周围的外在世界中正在发生的一切，以及你内心世界中的思想、感觉、情绪、知觉。借用接纳承诺疗法①的创始人之一凯利·威尔逊（Kelly Wilson）的概念：如果你不把思想、感觉和焦虑看作要解决的问题，而是当成要体验的事件，那会怎么样？

以正念应对焦虑症状时的目标是，要认识到你并不是被任何一种思想、感受或知觉所定义的，你的行为也不受其束缚。取而代之的是，你可以观察自己的焦虑想法和感受，通过这种方式与它们保持一定的距离。这样一来，即便纷杂的消极想法在初次约

① 接纳承诺疗法（Acceptance and Commitment Therapy，ACT）：新一代认知行为疗法中最具代表性的经验性行为治疗方法，通过正念、接纳、认知解离、以自我为背景、明确价值和承诺行动等过程以及灵活多样的治疗技术，帮助来访者增强心理灵活性，投入有价值、有意义的生活。——译者注

会或工作报告期间在你头脑里窃窃私语，你仍然可以将注意力集中在手头的任务上。

正念告诉我们，尽管被分散注意力的想法或手机提示音环绕着，我们依然可以自行选择关注什么。正念是指你在此时此地充分在场，把你的注意力和精力放在当下。

练习正念的方法很多，但本质都是选择要关注的事物，施以最大程度的关注。基本上，只要全神贯注去做，任何活动，无论吃饭、洗碗、散步，都可以成为一种正念练习。下面给出了两个具体的练习，但是为了更有效地精进正念技巧，我建议你每天都进行某种形式的正念练习，例如进行一次正念淋浴，用心去注意和觉察你身体的感觉、周围的气味、触感、温度、声音，观察视野里的肥皂、洗发水和蒸汽。练习目标是让你存在于淋浴间，而不是身心无法同时在场，一边洗澡一边想着当天的工作、午餐要吃什么、周末的计划等。从遛狗到扫地，你在进行任何日常活动时都可以练习正念，让你的五种感官都参与进来，保持专注和察觉，同时抛开脑海中所有积极与消极的想法或判断。

正念的好处

首先，正念最重要的好处是可以让你在当下重新获得精力和注意力，从生活中的一切事情中最大化地获得乐趣和充实感。想一想，你对过去的各种经历还记得多少？你当时是否身心完全在场？还是说，你当时的心思放在别的事情上，正想着解决其他问题，或是在为将来而担忧？如果你已经投入精力决定开始做某事，那么不妨将注意力集中在那件事情上面。正念会让你与体验更好地联结，你会发现，这种体验比仅仅依靠思维获得的体验更丰富。

其次，正念可以促进接纳感，这反过来又可以促使你对自己关心的事情采取行动，而不是仅仅去做暂时使焦虑减少的事情。正念让你更开放、更诚实，从而有益于发展人际关系，尤其是亲密的友谊和爱情。正念练习使你更注重人生的过程，享受旅途，而不是只着眼于结果或目的地。例如，如果你打算开始学吉他，正念地投入到学习、犯错、看到进步这一过程中，将给你带来更充实的体验，顺便还能让你不再一直关注自己的焦虑。

最后，本书以及各种网络视频中讨论的肌肉放松和呼吸练习可以让你学会放松，直接减轻焦虑。在放松的身体状态下，几乎不可能出现惊恐发作。放松的身体所发出的信号还会通知大脑关闭惊恐 / 威胁模式，回到理性思维模式。

◉—练习—

5-4-3-2-1

假设你正在为公司或学校里的一次报告做准备，焦虑指数开始迅速上升。有一个好办法能够让你平静下来，那就是"5-4-3-2-1"。

当出现焦虑时，请停下你正在做的事情，深吸一口气，开始注意周围的世界，然后找出以下事物：

- 5 个你看到的东西；
- 4 个你听到的东西；
- 3 个你触摸或感觉到的东西；
- 2 个你闻到的东西；
- 1 个你尝到的东西。

专注于感官体验，可以帮助你从焦虑中恢复对思维的控制，将注意力转移到周围的世界。当你完成"5-4-3-2-1"后，焦虑峰值很可能已经过去，你会觉得精力更加集中了。

⊙── 练习 ──

渐进式肌肉放松

这项练习非常适合在尝试入睡时进行，可以规律地每晚在床上练习。渐进式放松可以放慢身心，促进放松和睡眠。你练习得越多，应用起来就越快。比如，在面临求职面试或其他高压情况时，你可以一注意到焦虑出现就立即靠这项练习获得放松感。

1. 用几秒钟的时间将注意力转向内部，扫描全身，观察是否有哪里是紧绷的。

2. 如果发现某个肌肉群是紧绷的，请将注意力集中在那里，使肌肉拉伸，保持 5 秒钟，然后再放松。

　　例如，如果你感到胸口是紧绷的，就可以将肘部往后拉，试着让两个肘关节在背后触碰到彼此，保持 5 秒钟，然后放松。如果你的紧绷感是在胃里，请拉伸胃部肌肉 5 秒钟，然后放松。

　　如果在身体上找不到紧绷的地方，可以将注意力集中在骨盆区域，收紧大腿和臀部的肌肉，保持 5 秒钟，然后松开。刻意放松身体的这个部位会向其他部位发出放松的信号。

3. 注意肌肉放松的感觉，并充分浸润在这种感觉里。

4. 深吸一口气，想一想在接下来的场景中你需要做什么。

然后就可以出发啦！

如果你想尝试进阶练习，可以把全身的每个肌肉群都做一遍，无论肌肉群是否紧张，都依次把它们拉伸 5 秒钟，然后放松。从脚开始，移至小腿、大腿、臀部、腹部、胸部、手臂、手、肩膀、颈部，最后是脸部。这就是渐进式肌肉放松，通过正确的练习，可以让全身都得到真正的放松。

暴露

大量的研究表明，暴露是克服恐惧的最有效方法。当我们反复地有意使自己处于实际上并不危险的难受状态时，焦虑反应就会逐渐减弱，因为我们会看到事实证明，自己所担心的可怕后果并不会真的发生。你可能已经在人生中经历过类似的情况了。例如，第一次坐过山车或跳水时，你可能会对这种新体验感到不安，但在直面恐惧并将其克服，甚至可能尽情享受了一番之后，你便会意识到并没有什么需要逃避的。

你可以通过暴露学到以下三件事：

1. 大脑中预料的最坏情况极少会成真。
2. 你其实能比自己想象中忍受更多的焦虑和不适。
3. 你在某种情境下感到的不适不会永远持续下去。开始其实是最难的。

想想你害怕在学校或公司里当众讲话的时候。也许，最强烈的焦虑情绪是出现在你不得不站起来开始的那一刻。两分钟后，你就根本不再担心自己的焦虑了：你已经讲完一半了，一切都很好。你的焦虑消退了，因为你直面了自己的恐惧并承受住了强烈的情绪。当神经系统意识到没有危险发生时，你便冷静了下来。当你走入一场聚会、坐下来理发或在卡拉 OK 之夜拿起麦克风的时候，体验可能也是一样的。

心理学家阿尔伯特·埃利斯（Albert Ellis）是发明认知行为疗法的先驱者之一，实际上，埃利斯本人也患有社交焦虑症，尤其是在与女性交谈时。因此，年轻时的埃利斯决定直面自己的恐惧。他与 100 个女人聊天，邀请她们出来约会。据报告，在 100 名女性中，有 99 人拒绝了他，而第 100 个人则放了他的鸽子。尽管结果如此不堪，埃利斯还是摆脱了恐惧对自己的束缚，因为他亲身体验到，被拒绝 100 次并不意味着世界末日。通过接触自己最害怕的事物，埃利斯意识到，其实自己是可以应付这些恐惧的。得到了这样的新信息之后，他的焦虑感也随之减轻了。

在这一点上，你可能会想："但是我一直都在苦苦挣扎啊，为什么我的社交没有变得更轻松呢？"这里的重点是，为了最大限度地发挥暴露的作用，你必须充分面对自己的焦虑，而不是回避。如果埃利斯在邀请那些女人出去约会之前就喝得大醉、避免与她们目光接触、戴上口罩或做了其他能让自己逃开一些的事情，不那么投入，试图避免受到焦虑的困扰，那么他的焦虑可能就不会减轻，而且那些女人可能也会觉得他更加奇怪。如果埃利斯像我们刚刚描述的那样，没有让自己暴露在被拒绝或被羞辱的恐惧中，而是继续以大大小小的方法回避这种恐惧，便会不断强化焦虑向他传达的信息：邀请女性出去约会是很可怕的，应该避免这样做。

关于轻度回避，还有其他一些例子，比如让别人先来，而不是自己起头讲话；避免谈起任何有意义或可能有点敏感的话题；避免参与到聚会当中，而是一直喝酒、吃东西或玩手机；不在会议上发言或分享想法，除非收到了一些安全信号，确保别人会接纳自己。信不信由你，这些看似很轻微的回避策略其实都会使你的焦虑加剧，尽管它们可能看上去是在保护你。

请注意，我并不是说让自己感到焦虑是一件好事，也没有说面对焦虑是很容易的或者令人愉悦的。事实绝非如此。暴露是困难的，但并不是做不到。你可能觉得它很恐怖，但实际上并不存在危险。信不信由你，暴露会随着时间和实践而变得越来越容易。

练习 —

想象中的暴露

　　我们的思维非常擅长重塑现实，因此在前往现实世界之前，可以先在自己的家里这种舒适的环境中练习暴露。暴露会让你直面焦虑，而这项练习的目的就是帮你适应这件事。在练习过程中，通过想象自己在社交场景中的暴露，你会处于这些想象引发的焦虑中。

　　首先，写下一个会引发焦虑的社交事件，比如初次约会，或某个重要会议。尽量把故事描述得详细一些，把所有会引发焦虑的内容和细节都囊括进去。请用第一人称来写作，而且还要把故事描述得好像正在发生一样。例如："我走进派对，我看到了……"

....

....

....

....

....

　　大声朗读这个故事。如果你做练习的方法正确，这个故事至少会引发一点点焦虑。如果发现自己没什么情绪波动，请在故事中再添加一些你在这种社交情境下最害怕的细节。如果书里的空白处不够，也可以把故事写在笔记本上。然后，带着正念与焦虑坐在一起。这可能会让你很不舒服，但并不至于要了你的命。只要坚持练习直面恐惧，随着时间的推移，你所描述的情境将变得不那么恐怖。

....

....

....

....

....

....

....

....

....

....

....

练习一

真实暴露

人人都害怕尴尬，但对于社交焦虑者来说，这种害怕会控制我们，导致我们采取回避行为，从而无法过上自己想过的生活。请记住，你的焦虑系统是想要保护你的安全，但尴尬并不是什么危险，因此也没有什么值得逃避的。这项练习的目的是通过暴露来减少你对尴尬的敏感和恐惧，你应当连续几周多次进行这项练习。

请在下面的"活动"一栏中列出生活中的 10 种令你恐惧的社交情境，可能包括去特定的地方、与特定的人或陌生人交谈、参加某些活动等。在中间一栏中，以 1-10 的等级来评估该情境的难易程度。在最右边一栏中，写下你将在本周的哪一天（星期一、星期二等）进行这项活动。注意：最好是从最简单（也就是最少引起焦虑）的活动开始，然后逐步提高。

最理想的目标是每周进行三项暴露，这样你便能有规律地练习。你完全可以反复练习最简单的三个暴露活动，然后再继续练习比较困

难的。不必强求自己做到完美，或者必须做到零焦虑。你只需要注意

自己在练习中出现的感受，以及练习后这些社交情境对你而言是否变

得更容易了。

活动	难易度（1-10）	日期

接纳

接纳是一个大家很熟悉的词。我们都知道接纳是什么意思，或者说，我们都以为自己知道。随着抵抗焦虑的方法越来越多，接纳听起来可能并不像是一种重要的思维方式和视角。但是，如果你想解决自己的社交焦虑，过上更充实的生活，那么学会接纳其实是必不可少的。

所有人的生命中都不可避免地存在一定程度的焦虑，因此接纳自己的焦虑症状极为重要。如果只要挥一挥魔杖就能使所有的社交焦虑神奇地消失，我当然也想这样做。但是正如我们所见，事情并非如此；因此，为了获得理想中的社交生活和自信心，你需要学会接纳一定程度的不适。这里所说的接纳是指开放地、心甘情愿地允许不适感出现，不去试图控制、改变或避开它。如果你希望不再被焦虑控制，这是极为关键的一步。

接纳是克服焦虑最关键的技巧之一。这个概念很难把握，同时解释什么是接纳、什么不是接纳会有所帮助。接纳是一种积极、开放的意愿，让你可以充分体验自己的感受，而无须尝试控制或改变它。接纳意味着你愿意与伴随焦虑出现的令人不舒服的思想、情绪和感觉相处，而不是逃避它们、分散自己的注意力或压抑它们。

我知道这乍听起来像是一种顺从或放弃，但事实并非如此。放弃意味着让消极情绪控制你的行为，而接纳则是承认消极情绪的存在，并寻找更加灵活的方法去应对它们。接纳的意思是："焦虑，我看见你了，在我做这件可怕的事情时，你可以和我在一起。即使如此，我也将继续朝着我的价值观、目标和梦想迈出积极的一步。"

接下来是一些关于接纳的反例。接纳不是指你在两个小时的飞行过程中一直死死抓住座椅扶手，告诉自己飞机不会坠毁。接纳不是设法抵御焦虑带来的生理不适感。接纳也不是每隔 30 秒看一次表，盼着会议快点结束，这样你就不用再焦虑了。接纳是指经历当下的每一分每一秒，无论它们持续多久，都不会尝试改变它或盼着它结束。

接纳是一种更加灵活自由的生活方式，让你能够与焦虑以及其他所有情绪相处。不管你喜不喜欢，焦虑和其他情绪都会与你相伴，因为简单来说，生而为人就意味着去经历感受。我们的目标是让你看到，这些情绪会丰富你的人生经验，而不是把生活变得一团糟。

练习

接纳冥想

想象一个会使你焦虑的人。在生活中，有谁会让你产生非常消极、不快、无法忍受的焦虑反应吗？这个人身上的哪一点让你无法忍受？或者说，引发你这种焦虑反应的原因是什么？你现在能想象出这种感觉吗？请安静地坐下来，闭上眼睛，想着这个人。坐在那儿，进行深呼吸，保持正念和觉察。吸气，一……二……三……；呼气，一……二……三……。

进行深呼吸时，请想象你在吸气时吸入的是对这个人的关爱，呼气时呼出的是对他的不满、抗拒和回避。吸入关爱，呼出想要控制整个局势的愿望。你无须改变这个人。你不需要躲避。随他去吧。接纳他，就像你接纳因他而起的焦虑感一样。

练习 —

共情记忆

现在介绍可以缓解焦虑的另一种方法，这就是唤起人们曾经支持你或对你表现出共情的记忆。也许你曾经在小时候摔倒了，跌破了膝盖，老师、朋友或父母过来关心你，还帮你清理了伤口。

请在下方空白处写出详细的回忆，无论是你向别人提供支持，还是你获得了别人充满共情的支持。请写下你当时经历的情绪、产生的想法和身体上的感觉。如果你想不出这样的事情，可以想想一生中有没有与身边的人产生情感联结的时刻。

....

....

....

....

....

....

自我关爱

由于焦虑或者其他你自认为是缺陷的东西，你是不是在很长一段时间里都一直责备或讨厌自己？你当然希望自己能像其他人一样，看上去保持着镇定、舒适和自信，但是与其他人进行比较然后批评自己，对克服焦虑不会有任何帮助。

相反，我希望你花一点时间来意识到自己的重要性，看见自己的价值，你在生活中所经历的挣扎理应获得同情和善意。如果你在一生中始终没有得到过别人的支持，很可能会认为自己不配得到任何爱与同情，这会长久地破坏你的自我价值。你应该知道，你值得被爱。那些焦虑的感受是真实的，它们属于你；但你挺过来了，现在我们与你在一起，共同往前走。如果你曾经得到过支持，感到自己没有什么"正当"理由患上社交焦虑，那么请明白，你所有的感受都是正当的——因为你确确实实地感受到了。

自我关爱不可能在一夜之间产生，但是你可以逐渐试着做一些事情来学习。所有这些方法策略的共同主旨是：尊重自己，照顾自己，抛开消极的自我对话。

练习 —

建立自我关爱计划

这项练习的目的是让你能够开始自我关爱。请查看下面的空白日历，每天至少填写一项你想要完成的自我关爱任务。可以参考以下列表中的想法，也可以自行发挥。

- 写下三个对自我的积极肯定。
- 对着镜子大声说出三个对自我的积极肯定。
- 对最近取得的成就进行三分钟的正念冥想。
- 给三个你感激的人发电子邮件。
- 给三个你感激的人发消息。
- 给自己买点好吃的。
- 花 10 分钟在日记里写下你在意的人。
- 花 60 分钟，为了自己做点什么。
- 清理房间，并把一些物品捐赠出去。
- 与宠物共度 15 分钟。
- 花 10 分钟记录一下自己已经度过的某一段艰难时期。

星期一 ....

....

星期二 ....

....

星期三 ....

....

星期四 ....

....

星期五 ....

....

星期六 ....

....

星期日 ....

....

认知重构

认知重构是指根据一些实际的证据，来评估我们自动的（通常是焦虑的）信念和假设，以了解其准确性。这种方法还可以帮助评估某个信念对实现目标的作用。我们可以用更积极的眼光来重构某些消极的想法，而对于那些不正确或无益的想法，最好将其完全抛弃。

面对社交场合，社交焦虑者的常见思维陷阱是"事情会变得很糟糕""别人不会喜欢我""我不知道该说什么""我不够好／缺乏吸引力／不够聪明／不够有趣"等。基于过去的经验，你可能会认为其中一些想法是有道理的。也许有人曾经拒绝了你，这次痛苦的拒绝让你觉得自己的消极想法都被证实了。如果是这样，那么你应该问的下一个问题是：这些可怕的预测是否总会成真？还是说，你只是根据少数经验就武断地得出了结论？

除此之外，还要请你花点时间仔细想想这句话：事情并不是总要完美无缺！不完美并不是世界末日。我们其实比自己想象中坚韧许多，但有时，需要给自己一个"失败"的机会才能完全意识到这一点。

假设工作中有某个同事不喜欢你的主意——那又如何呢？你讲砸了一个笑话，聚会上有个人用奇怪的眼神看了你一眼——谁会在乎？人生中一些最难忘、最宝贵的回忆，在当时都可能是困难或痛苦的。但是，正是这些经历树立了我们的个性，让我们变得更明智，为我们提供了看待人生的重要角度。

社交焦虑者容易陷入的另一个陷阱是预测未来："我永远不会有朋友""我会永远单身""我永远都无法成功"。如果你一直在追求某个自认为能获得幸福的结果，而不是专注于当前拥有的东西，你永远都无法感到满足。你必须放慢脚步，将注意力转移到当下，感激和欣赏整个旅程。

练习 一

挑战消极信念

请在下表的左栏中，列出你在社交情境中反复出现的 5 种关于自己的消极信念。然后在右栏中，使用以下一种或多种陈述，帮助自己更有效地应对这些信念。

- 我是有韧性的，而且即使事情没能顺利进行，我也能在其中获得价值。
- 我不需要一味地将自己与他人进行比较。
- 我会尽力而为，着重于体验而不是结果。
- 这个想法对实现目标没有帮助。但我只是会注意到它，而不是要与它搏斗。我可以告诉自己："我现在有 .... 的想法。"
- 尽管我的头脑在告诉我什么事情可以做，什么不可以，但我不会受它控制，而是会采取独立的行动。
- 我正在根据有限的证据和经验，得出"非黑即白"的极端结论，而实际上，这件事从某些方面来看很可能挺不错的。

● 我无法预测未来。

● 虽然我的头脑说我由于这样那样的原因不够出色，但我

可以列举出证明自己足够好的三个理由。

消极信念	反驳陈述

— 练习 —

与消极信念保持距离

你是否经常觉得某个消极的想法十分真实，让你一直想着它，无法放下？每次你好不容易找到了反驳它的证据，头脑里又会蹦出强硬 10 倍的反过来支持它的证据，来证明为什么你糟糕透了，为什么你喜欢的人永远不会和你约会，等等。我们的头脑就是这样棘手和烦人，因此，与其在头脑中经历死循环，何不直接放弃挣扎呢？

1. 想出一个阻碍你进入社交场合的消极信念。闭上眼睛，深呼吸，对自己说："我现在有 .... 的想法。"（在空白处补全你的消极信念。）

2. 把这个消极信念重复说三遍。

3. 对自己说："我注意到自己现在有 .... 的想法。"（在空白处补全你刚才写下的消极信念。）

4. 重复说三遍。

　　你注意到了什么吗？你不等同于你的想法！你是在经历着想法的人，但你并不是被想法所定义的。你的行为不受任何单个想法存在与否的控制——你的想法不会逼着你做任何事情！所以，不要再给想法更多的功劳或权力啦！你也许会有焦虑的想法，但你仍然会朝着目标采取有意义的行动。

让我们开始行动吧

你已经把一些工具放进了自己的工具箱，现在到了使用它们的时候了。让这些工具发挥最大效果的方式就是坚持实践。请为自己制定一个时间表，坚持把本书中的练习从头到尾做完。你可以按照自己的节奏来，但是要尽量稳定地练习，这样效果最好。

我的建议是，创建一个纸质或电子的日历，计划好投入一定的练习时间。你不必每天练习，但可以在每周挑选两个工作日留出 20 ～ 30 分钟的时间，在周末找一天留出 45 分钟的时间。时间上可以保持一些灵活性，但是请确保自己有个计划。人类是服从习惯的动物，越是把练习纳入自己的习惯，你就越有可能坚持下来。

请记住，即使很紧张，你也是能做到的！如果实在做不下去某一项练习或一部分练习，就尽力而为，然后前进到下一步。你可以根据自己的需要，多次重复这些练习，而且在不同的社交情境下进行练习，效果会更好！

------------------ **小　结** ------------------

● 练习正念：停留在当下，保持积极参与，一次只专注于一件事。

● 只需要注意到消极想法，不必对它们做出反应。当不适感和消极情绪出现时，为它们留出足够的空间。

● 练习暴露，而不是从具有挑战性的情境中逃跑。通过练习，这些情境对你来说会越来越轻松！

● 练习接纳：尝试培养体验不适感的意愿，以便追求自己想要的人生。生活并不总是那么令人愉快，但困难中蕴含着价值和意义！

● 练习认知重构。你的想法并不总是正确的，不必相信自己所有的想法。不要让想法限制行为。

第 3 章

日常社交

　　在本章中，我们将讨论在朋友交往、情人约会和其他社交互动中经常会遇到的挑战，包括一些日常的社会活动，如制订计划，与朋友、熟人或约会对象聊天，约人出来玩，举办活动，参加社交活动等。对于本章讲到的各种方法，你越是在不同情境下练习，效果就会越好。

　　对很多社交焦虑者来说，日常社交不仅是生活中挣扎最多的领域，也是最希望能有所改善的方面。对拒绝、羞辱或亲密关系的持续恐惧令我们无法追求对自己来说最重要的人际关系，让我们感到孤独、受困、绝望。

　　在日常社交领域最常见的与焦虑相关的困难和消极信念包括：

- 不知道该说些什么或者该怎么做
- 觉得别人不喜欢自己
- 认为自己很无聊
- 不知道如何参与一群人之间的谈话
- 与心上人交谈或约对方出来时缺乏信心

　　当这些自我怀疑在心中一遍一遍被强化时，我们通常会怎么做呢？我们会避免一切能够触发它们的情境。这样一来，回避会使我们更加焦虑，从而导致更多的回避行为，进而导致更多的孤独和疏离。

任何一种社交焦虑治疗的第一步都是停下来，让自己喘口气（请铭记自我关爱），然后致力于做一些不同的事情，向自己想要的生活靠近。

在本章中，我们将跟随托马斯一起处理他的社交焦虑症状，并努力做出改变。托马斯是一名 25 岁的男子，住在西雅图，并在当地一家科技创业公司担任程序员。他一直在为消极想法而挣扎，认为自己不够出色、太无聊了，所以无法维持社交生活。他会同几个朋友和同事聊天，但并不觉得与他们之间产生了联结。他还对在社交场合结识新朋友的想法感到不安。

你的社交生活怎么样

我希望你如实回答以下问题：你的社交生活怎么样？接下来，我们将一起审视各个社交领域，你要想一想自己参加而不是回避某些活动的频率，以及在每项活动中的焦虑程度，以此进一步细化这个模糊的问题。

如果你参加了很多社交活动，但仍然感到非常焦虑，就需要看一下这些使你感到焦虑的经历是什么，然后再制定应对焦虑的策略。反之，如果你发现自己回避了大多数活动，没有太多的社交生活，那么就需要制订一个出行计划，以便走出去，练习社交技巧，找到一些有趣的东西，逐渐扩大自己的社交活动领域。

你可能会发现，只有某些情况会让你焦虑，例如与陌生人一起闲逛或者跟你心仪的人相处。如果是这样，你仍然可以在不同情境下练习这些抗焦虑策略，但最好是在最困难的情境下多多练习。

─ 练习 ─

你的社交生活怎么样

浏览以下社交活动列表。本书中将社交活动定义为同至少一个与工作无关的人所进行的活动。在第二栏记录你上个月进行该活动的次数。在第三栏写下如果不因焦虑而退缩，你希望在一个月内进行多少次该活动。最后，以 1-10 的等级来评估该活动带给你的焦虑程度。

社交活动	上月次数	理想次数	焦虑程度（1-10）
和某位朋友一对一相处			
和一群朋友（3 人以上）相处			
组织一项需要出门的活动（去酒吧、听音乐会、运动、徒步旅行等）			
过夜或持续好几天的旅行			
邀请朋友来家里吃饭、烧烤等			
和某人聚会，让双方的孩子在一起玩			
和某人一起遛狗			
邀请某人出来约会			

（续表）

社交活动	上月次数	理想次数	焦虑程度 （1-10）
出门约会			
和其他人一起进行体育活动 （保龄球、垒球等）			
出去看电影			
出去吃饭			
看话剧或听音乐会			
徒步旅行			
和网友线下聚会			
和朋友语音聊天或发消息聊天，10 分钟以上			
参加本地的活动（街区聚会、农贸市场等）			

你一共参与了 .... 项社交活动。

　　如果你一个月内只参加了 3 项或更少的活动，恐怕是不够的，你会更容易感到焦虑或孤独。如果你每个月成功地参加了 4 项以上的活动，这是一个好现象，接下来可以看看你是否还想参与更多活动。

练习

你有哪些回避行为

　　下表列出了各种回避行为，这些行为可能会限制你的社交生活，加剧你的焦虑。请勾选你采取每种回避行为的频率：从不，很少，有时，经常，总是。这项练习的关键是让你更加了解自己在做什么，这样便可以留意到自己的回避行为，并在当下做出改变。

回避行为	从不	很少	有时	经常	总是
找借口拒绝邀请，如"太累了""不是很想去"等					
因为想到"他不会答应的""他不喜欢我"等，于是放弃邀请某人					
本来想和某人说话，但还是犹豫或逃避了					
在社交场合玩手机，而不是和别人聊天					
以上厕所的方式离开一个不舒服的社交情境					
在面对一群人时保持沉默，因为不知道要说什么，或者无法加入谈话					
为了早点离某个社交活动而撒谎					

（续表）

回避行为	从不	很少	有时	经常	总是
盯着地面，不和别人保持目光接触					
说话声音很小，或含糊不清					
宅在家里刷剧、看电影或一直睡觉，以此逃避社交					
使用酒精、大麻、香烟等缓解焦虑					
回避某个社交活动，因为担心自己会惊恐发作					

得分：............

　　把选了"经常"或"总是"的行为加在一起。如果总数为 0-2，那么很好，你并没有太多的回避行为。如果是 3-6，请记下这些行为以及你当时所处的社交环境。得分 7 以上，则表示你在生活中的回避水平很高。

制订与朋友一起玩的计划

与朋友一起制订计划似乎是一项艰巨的任务。但是，这也是克服社交焦虑的最佳方法。以托马斯为例。他会在不定期的活动和聚会上与人见面，也会通过工作结识他人，但感觉从未与任何人产生过联结。他觉得自己没有亲密的朋友。更糟糕的是，随着时间的流逝，他开始相信自己本身有问题，所以不可能结交好朋友，而邀请某人出去的想法会引发强烈的脆弱感和对被拒绝的恐惧。托马斯从不邀请任何人出来社交，这样就可以避免那些不愉快的感觉，于是他始终跳不出孤独感的循环。

让托马斯（以及正在阅读本书的你）摆脱这种负面循环的最佳方法就是开始制订与朋友一起玩的计划。暴露在看似可怕的情境中，你的恐惧会逐渐减轻，还能体验到活跃的社交生活带来的所有积极、有益的事情，例如乐趣以及与他人的联结感。

第一步是确定你想做什么，想和谁一起做。下面是一个可以帮助你的快速练习。

◉── 练习 ──

找出与朋友一起玩的可行计划

这项练习分为三个步骤。

1. 请想想你喜欢的那些活动。可以参考下表列出的内容，
也可以自己填写。

2. 请思考谁会是与你一起参加这些活动的好人选。在社交
活动表格的第二栏写下他们的名字。

3. 有哪些活动是你特别喜欢、特别想做的？哪些是如果有
人邀请的话你会愿意去，但并非你的首选的？对于你喜
欢的活动，在表格第三栏中打勾；对于你愿意进行的活
动，画圈。

社交活动	朋友	喜欢 / 愿意
看电影		
购物		
去喜欢的老餐馆或新开的餐馆吃饭		
在酒吧或家里看体育比赛		
看一部流行的电视剧		

（续表）

社交活动	朋友	喜欢/愿意
亲自参加体育比赛		
去酒吧消遣		
去酒吧猎艳		
玩问答游戏或唱卡拉OK		
朋友小聚过夜		
扑克牌之夜		
游戏之夜（下棋、卡牌游戏等）		
去夜店		
跳舞（摇摆舞、萨尔萨舞等）		
参加体育运动（打网球、飞盘高尔夫等）		
爬山或骑自行车		
徒步旅行或野营		
打猎、钓鱼或射击		
去海滩或湖边		
散步		
滑雪、单板滑雪或雪鞋健走		
和某人聚会，让双方的孩子在一起玩		
和某人一起遛狗		
逛农贸市场		
看话剧或演出		
听音乐会		

　　在表中圈出你最想尝试的活动，至少选出 5 ～ 6 个，越多越好！最后，在你想要开始进行的 3 个活动旁边打星号。恭喜，你已经迈出制订计划的第一步啦！

　　现在，你已经找出了一些可能的计划，以及可以与你一起执行这些计划的朋友，接下来该开始考虑如何具体制订计划了。为了给一起制订计划打下良好的基础，你可以与朋友们讨论各自的爱好等，从而了解你们有哪些共同的兴趣点。也许你会发现你们都喜欢外国电影，这样就可以找时间一起看电影了。又或者，你从交谈中得知某个朋友很喜欢赛车，这样当有大型比赛时，你就可以约他出来，在酒吧一起看比赛。

　　如果有其他人看起来对你的提议感兴趣，但你还没有他们的联系方式，这时就可以向他们索要电话号码或电子邮件地址，以便日后制订计划，和他们一起玩。这种做法比较轻松，因为你并没有立刻约他们，没有对他们和你自己施加任何社会压力，只是播下了一颗种子，表达了你是有兴趣和他们一起玩的。

　　请记住，要使用正念，让自己在对话中保持在场和投入。你

可以感到焦虑，但也可以在对焦虑保持觉察的情况下依然与某人
进行对话。当那些消极的声音告诉你"他不会答应的""如果被
拒绝，还不如一开始就不问"，请保持警惕。因为你的思想无法
预测未来，你的行为不应该被这些消极结论控制。你完全可以放
下它们。

⊙ 练习

为制订计划准备脚本

　　如果想和别人讨论出游计划，应该怎么说，或者怎么给别人发消
息呢？其实，并没有所谓的正确方法，但这里有一段托马斯与认识的
人制订计划的对话，可以作为示例。你可以在示例之后编写自己的对
话。在编写脚本时，可以用你平时说话的方式表达，并把相关活动和
你认识的人的名字加进去。

　　托马斯：吉姆，最近怎么样？

　　吉　姆：挺好的，你呢？

托马斯：也不错，谢谢。你最近在忙些什么？

吉　姆：工作一直挺忙的。我昨天刚出去打了场高尔夫。

托马斯：哦，是吗？我都不知道你打高尔夫，我也喜欢打
　　　　高尔夫。

吉　姆：这么巧！我其实打得不太好，但是出去玩玩挺有
　　　　意思的。

托马斯：当然啦。等有机会我们一起去打吧。

吉　姆：好啊，肯定会很好玩。

托马斯：太好了。我记一下你的电话。我们来约个时间吧，
　　　　你什么时候方便？

吉　姆：接下来的几周我要陪女朋友，之后应该都有空。

托马斯：好的。那我一周之后给你发消息，到时候找时间
　　　　一起出来打高尔夫。

吉　姆：不错不错。

现在，你可以在下方空白处写下自己的对话脚本了。

练习

制订计划

　　在这项练习中，你会在现实中和一位朋友制订计划。请在下方空白处写下计划的各个方面。你可以查看之前列出的活动清单，找出一位朋友，然后制订计划。一定要找一个时间，与朋友面对面交流，或者通过打电话、发短信、写邮件的方式谈谈你的计划。表现得开心、踊跃一些，并且要提出一个具体的计划，这样你的朋友才能把这个计划纳入自己的日程中。

活动：
....

朋友：
....

什么时候邀请这个朋友一起进行上述活动？

....

参加聚会

假设托马斯有几个朋友，其中一个邀请他参加聚会。问题是，托马斯担心如果自己去了，朋友会扔下他去同其他人交谈，那时他便只能尴尬地站在那里不知所措。

如果你处在托马斯的位置，请记住，聚会往往会引发强烈的焦虑，因此首先要恭喜你还是接受了邀请，愿意去参加聚会。对事件的预期所引发的焦虑往往比实际事件引发的焦虑要严重得多。你可以放松一下，提醒自己，这个聚会不需要成为有史以来最好的聚会，只要与几个不同的人聊上一阵（至少聊上一个小时），就很好了。当你真正身处聚会中时，请深呼吸，使用正念方法暂时地放松，在对话中保持身临其境，让你的消极想法随它去。

练习—

对着镜子聊天

　　站在镜子前面，想象自己正走进聚会场所的大门。观察你的肢体语言。微笑，进行眼神交流，抬起头，肩膀放松，保持开放的身体姿势，并将手机放在口袋里而不是拿在手里。

　　以下是在聚会上向某人打招呼时使用的一些常见的介绍性内容，你也可以自己补充。用你的名字替换托马斯的名字，对着镜子大声说出下面这些话，直到你感觉更自然为止。

"你好，我是托马斯。很高兴见到你。"

"嗨，最近怎么样？我是托马斯。很高兴认识你。"

"谢谢你邀请我。你家很漂亮。"

"你在这里住了多久了？"

"你今晚过得怎么样？"

"说起来，你是怎么认识（主人的名字）的？"

"你认识（主人的名字）多久了？"

"对了，你在（城市）住了多久了？喜欢这 / 那儿吗？"

"你的老家是哪儿？"

"你做什么工作？你喜欢干这个吗？"

"不工作的时候你一般会做什么？"

....

....

....

....

在练习上述内容时，可以试着使用你自己的语言，这样你才能自然地说出来。记住，真诚是与他人产生联结的关键。

现在，托马斯已经做了一些准备，计划好要说的话，准备去参加聚会了。如果托马斯能找个朋友一起去，就会更容易度过最初的焦虑时刻，对于你来说也是这样。如果可以的话，你可以安排一个让你感到舒服的人与你一起参加聚会。

无论是单独前往还是与其他人一起前往，你都可以使用另一种策略，那就是寻找熟悉的面孔。你可以去找邀请你的人、主人或者其他你认识的人。走近他们，微笑，介绍和你一起来的朋友，热情地和其他人打招呼——要带着大大的微笑，大声说："嘿，你好吗？"或者说些"见到你真高兴""谢谢你邀请我""你最近怎么样"之类的内容。如果你的消极想法开始告诉你事情会变得很糟糕，请记住，在 99% 的情况下，你对面的人都会做出回应，反过来问你最近如何。

参加聚会时，要以积极的回应开场。即使度过了很糟糕的一天，你也可以说："还行吧，到了这儿以后就开心多了。"如果你的感觉不好不坏，或者挺好的，请积极地表达："我过得很不错 / 很好 / 特别好。"事先准备好一些答案来回应"你最近在忙什么"这个问题。如果可以的话，请尽情发挥自己的创造力，不要只是回答"没什么"或"还是老样子"。这样的回答会让人聊不下去。相反，请谈谈你一直在从事的工作、你在电视上看到或在书里读到的有趣事物，或者聊聊你的宠物、房子、工作、家庭、业余爱好等。

托马斯参加聚会时，看到大多数人都在喝酒。他应该喝酒吗？因为是聚会，所以喝一杯啤酒或红酒没什么，但请注意，即使是轻微的醉意也能帮助你回避焦虑的症状。如果你的目标是直

家庭事务

处理与家人和亲密关系相关的事务会引发很多焦虑。由于人际的交互作用，假期、家庭旅行、婚礼、葬礼、毕业典礼、生日，或者只是每周或每月的家庭聚会，都可能会令人心生畏惧。与本书中描述的许多其他情况一样，处理家庭相关社交焦虑的最佳策略是开放地面对，而不是回避你所遇到的情境和感觉。是谁让你焦虑？为什么？你是在不同情况下、面对很多人都会焦虑，还是只在特定情况下、与某一两个人相处的时候感到焦虑？

假设，托马斯正和家人一起过感恩节，对于自己要和这些人待在一起好几个小时特别担心。如果托马斯担心的是找不到话题，那么他可以使用和参加派对及其他社交聚会时同样的策略：正念地思考在场的其他人，不要去评判，想想可以怎样与他们建立联系，然后尝试将对话引向这些主题。这会给人带来一些控制感，减轻焦虑。例如，托马斯也许可以谈论自己的工作、去大峡谷的旅行、吉他课和垒球联赛。谈论自己，并询问他人的生活，是一种很好的交流技巧。这个方法几乎适用于所有情境，并且练得越多就越容易。

　　家庭会让你焦虑的另一个因素是，你可能觉得某个亲戚很烦人。很多家庭里都会有这样的人——朋友圈、工作场所和社交活动中也一样。这些人往往会掌控整场聊天，或者发表不适当的伤人言论，也许是当面对你说，也许是对着一群人说。

如果这个人故意侮辱或嘲弄你，应对这类情况的关键是保持坚定。即使你在过去 20 年里从未对这个人的讨厌言行做出过任何反驳，也可以从现在开始。告诉对方："嘿，别这么说！"或者："这些话我不能接受。"

对任何人来说，这都是一件令人恐惧的事情，尤其是社交焦虑者，因为对方可能会做出激烈的反应。但是，请记住你所掌握的方法：正念、暴露、接纳和认知重构。深呼吸，安抚你的神经；接纳这 30 秒会是可怕的，但它不会永远持续下去；不必详细说明你有多不高兴，但要对方知道不能这么说话。你会发现，即使他们的反应不佳，也不是世界末日。你可能反而会感到更加自信和安全，因为你划清了个人边界，保护了自己。

　　如果那个人并不是有意攻击你，只是因为喝了几口酒就信口开河，你可以自我检查一下，看看自己是不是较真了，如果对方并不是针对你，就随他去吧。请记住，你的大脑会将一些问题严重化，对抗焦虑的另一项重要技能就是挑战这些想法。此外，请参见第 4 章关于保持坚定的其他提示和练习。

面自己的社交焦虑，那么最有效的方法就是完完全全地去体验它，不允许任何酒精帮你降低难度。如果你没喝酒就大大方方地迎接那些不适感，你就会知道自己能在没有任何帮助的情况下搞定一切，这会大大增强你的自信心，从长远的角度减轻焦虑症状。

练习——

打招呼游戏

把打招呼看作一个游戏。你可以在下一次社交活动中看看自己最多能和多少人聊天。什么样的人都可以：男人、女人，年轻人、老年人，一群人、单独的人——无论是谁！这个游戏的目标不是要与这些人都变成好朋友，而是要向自己证明：你可以应付与人交往时出现的任何焦虑或不适。每次尝试后，以 1-10 的评分来记录自己的焦虑水平。在表格的左栏填写次数编号，如果是第一次尝试，则编号为 1；并在右栏填写每次与人攀谈时经历的焦虑等级。请你保证至少要与10 个人进行对话，但不必在一次聚会中全部完成。

次数编号	焦虑水平（1-10）

和孩子有关的事件

如果你有孩子，恐怕就躲不过与其他孩子的家长、老师、教练进行互动。坏消息是，如果总是回避和他们接触，那么不仅你的焦虑得不到缓解，孩子的生活也会受到影响。好消息则是，这种强制的互动可以帮助你练习和各种各样的人交谈，他们是一群和你有关系，而你又不会主动去和他们聊天的人，这会帮助你扩大自己和孩子的视野。

对于任何与孩子有关的社交情况，最简单好记的是，你已经有了一个可以从 100 种角度展开的聊天话题：你的孩子！如果有机会和另一位家长闲聊，不要一直盯着手机，请抓住机会练习。如果你正在参加学校的活动，可以谈论学校或这个活动，还有孩子的老师、朋友、课外活动、不同的学习风格和方法、考试……话题清单简直无穷无尽。

下面这项练习可以帮你找到谈论自己孩子的方式，以及学会如何询问其他孩子的情况。

◉─练习─

聊聊孩子

　　下面是一个与孩子有关的基本对话列表。接下来，请你花三分钟时间写下至少 10 个与孩子相关的问题，这些问题最好别太私人，也不要带有任何引起争议的可能。当你在操场上或公园里，与其他家长一起等待孩子们活动结束或者参加孩子们的生日聚会时，便可以把这些话题从工具箱里拿出来。

- 你的孩子喜欢什么活动？
- 你的孩子挑食吗？还是喜欢尝试新食物？
- 你的孩子晚上睡得好吗？
- 你的孩子喜欢学校吗？
- 你最近带孩子出去度过假吗？
- 你家里还有其他年龄差不多的孩子吗？有兄弟姐妹或者堂表兄弟姐妹吗？
- 你的孩子有喜欢的玩具 / 游戏 / 爱好吗？
- 你怎么看待孩子玩电子游戏 / 手机 / 社交媒体？

- 你的孩子喜欢动物 / 宠物吗?
- 城里有什么好地方可以在夏天带孩子去逛逛的?

1. ....
2. ....
3. ....
4. ....
5. ....
6. ....
7. ....
8. ....
9. ....
10. ....

公众活动

　　托马斯交了几个朋友，现在正面临与他们一起出去玩的挑战。也许托马斯会被邀请一起去听音乐会、看话剧表演或体育比赛。托马斯已经渐渐可以在朋友周围感觉舒服了，但仍然对和大家一起外出活动感到焦虑。如果人太多了，或者有不认识的人对他不友好呢？如果他迷路或者找不到停车位怎么办？

　　对公众活动的焦虑一般可分为两类：预期性焦虑（假设最坏的情况）和事件真正发生时出现的生理症状（心跳加快、出汗等）。对于预期性焦虑，要记得保持正念和专注当下。让我们进行一次简单的认知重构：此时此刻，有什么不好、危险或令人恐惧的事情吗？如果没有，就不要让自己陷入试图预测未来的焦虑陷阱。呼吸，放松，专注于当下的时刻。有意识地让你的思维躲开一些想法，例如自己看起来像个白痴，可能会与某人吵起来，可能会无话可聊或觉得尴尬。重新构建你的想法：即使这些情况真的发生，你也会没事的。

　　举个例子，托马斯正前往音乐厅与朋友见面，有人在他前面插队（泼了他一身酒／说了些讨厌的话／踩了他的脚）。托马斯可以通过两种方式处理这个问题，这两种方式同样有效，只是取决于托马斯此刻觉得哪种方式更合适。

1. 什么都不做。承认那些人的行为很讨厌，但将注意力转移到与朋友度过一个愉快的夜晚上。

2. 冷静地说："对不起，我先来的。你能到后面排队吗？"这么做要冒一些轻微的风险，可能与人起冲突，但也能帮助托马斯练习怎样保持坚定，并且再次意识到，即使有人对他感到不满，也并不是世界末日。

至于生理症状，比方说托马斯刚一进门就看到有很多人，使他感到不知所措，因为他讨厌人群，于是恐慌症状开始出现了：他觉得自己的胸腔收紧，心跳加快，呼吸困难，头晕目眩。托马斯可能会觉得自己无法应付，打算提前离开，但如果这样的话，不就又强化了回避和认定自己无法应付焦虑的信念吗？

其实，还有一个更好的选择：在脑海中准确地说出自己正在经历的体验。托马斯从一个不加评判、科学观察的角度出发，只是留意自己身体里正在发生的事情（保持正念）。他认识到了不

适，但并没有逃离不适感（接纳）。几分钟之后，通过深呼吸，
他可能就会平静下来，将注意力重新转回朋友和音乐会。

练习

人们能记住陌生人的事情吗

如果你有社交焦虑，很容易感觉每个人都在关注你、想着你、
评判你犯下的任何轻微"错误"或者你经历的恐慌和焦虑。这项认
知重构练习将有助于证明，你不能相信大脑轻易得出的消极结论或
想法。首先，回想你最近参与的三次公众活动，在下方空白处回答
以下问题：

关于这些活动你还记得什么？

....

....

....

....

你还记得当时的某个陌生人吗？如果记得，你能具体描述出那个人的

长相吗？再次见到那个人的时候，你能认出来吗？

....

....

....

....

....

你记得陌生人的什么事？他做了一些蠢事或令人尴尬的事情吗？

....

....

....

....

....

　　这些问题容易吗？还是其实挺困难的？如果你真的能记住自己见过的陌生人，那我可要肃然起敬了。如果你记得陌生人所做的一些尴尬的事情，你是会评判他，还是对他深表同情？如果你完全不记得过去几次活动中或过去几周里遇到的陌生人的任何细节，那么你就和其他所有人一样。我想表达的关键信息其实很简单：根本没人会在意！

　　如果托马斯要去参加一些活动性更强、更需要参与其中的公众活动，又该怎么办呢？现在，托马斯已经克服了对音乐会和电影的大部分焦虑，但是朋友们邀请他星期六去打高尔夫球，他担心自己会表现不佳。在这种情况下，好的策略是退后一步，不带评判地问问自己：你为什么会焦虑？你的朋友真的会在你打高尔夫球、滑雪、打保龄球、跳舞或做其他事情的时候评价好坏吗？即使他们在你做这些事情的时候开了几个玩笑，但那是在评价你本人或你的性格，还是只是笑话你在某项特定活动中的能力？请记住，你可以使用认知重构来挑战讨厌的想法。真实的情况是，除非你是专业运动员或舞蹈家，否则没人会在任何一项活动中评判你的表现。与朋友一起出去玩是为了放松、找乐子和促进关系。因此，请你将注意力集中在这些活动上，而不是关注自己的表现好坏。

◉ —练习—

识别哪些东西会触发你的公众活动焦虑

写出你在公众活动中最担心的事情。你担心的是来自陌生人或朋友的评价，与陌生人发生冲突，觉得自己必须表现良好？还是说，你不喜欢身处人群中，或者不喜欢处于可能让自己惊恐发作的空间里？又或者还有其他原因？

1. ....
2. ....
3. ....
4. ....
5. ....
6. ....
7. ....

回头看看你列出的清单。在这些事情中，你一定要回避的有哪些？如果你出去玩我就给你 100 万，你觉得自己能应对这些困难了吗？好吧，我并没有 100 万，但我认为摆脱焦虑、重新掌握自己的生活和 100 万一样可贵。这个类比适用于我们在本书中谈到的一切情境。如果你愿意为了 100 万去做这些事，就证明你其实有能力面对困难和可怕的局面。因此，当你的头脑告诉你做不到时，不要相信它。问题不是"能不能"，而是"我愿不愿意"。

练习

制订游戏计划

让我们把本章介绍的一些技巧综合起来。思考你最近的假期。找出你想参与的活动和想一起进行活动的朋友，然后与那位朋友一同制订计划。请在下方空白处写出你想做什么事情、想和谁一起做，以及大概会在什么时间做。

....

....

....

....

....

查看上一项练习中你列出的清单。想一想，在这次出游中，你可能会遇到哪些挑战？应对这些挑战的最佳方法是什么？

在下表的左栏写下挑战，在右栏写出解决问题的方法，可以参考以下清单，也可以写出你自己的主意。

● 正念 / 冥想

● 告诉自己：想法只是想法而已

● 抛开消极信念

● 觉察自己的恐慌症状

● 深呼吸

● 在镜子前练习一些要谈论的话题

● 头脑风暴，想出聊天的话题

● 练习向某人要东西，或者与陌生人产生冲突的情境

● 绘制前往或离开某个活动的路线图

可能面临的挑战	应对方法

邀请朋友来家里

邀请朋友来家里对社交焦虑者来说是非常理想的，因为你既可以在自己家里舒舒服服地待着，同时也能与朋友共度亲密的快乐时光。在家里招待朋友的好机会包括观看体育比赛、电影颁奖典礼或选举结果，庆祝假期、生日、毕业、退休、晋升、蜜月或订婚，晚宴、泳池派对或邻里派对，或者你也可以只是请大家过来玩游戏、听音乐、烧烤，让孩子们一起玩耍，举办品酒之夜或扑克牌之夜等。

你可以浏览上一节练习中的活动清单，想想自己期待参加哪些活动，对哪些事感兴趣。越是让你兴奋的活动，举办起来就会越顺利，因为你的热情会自然而然地散发出来，令注意力集中在快乐而不是焦虑上。

请在脑海中尝试预想一次成功的活动，根据预想决定要邀请多少人。这也是一次很好的"想象中的暴露"练习，可以降低焦虑。接下来，你该考虑具体邀请谁了。这时候，焦虑可能就会跳出来，你或许会开始找借口，例如"我跟这个人不太熟"或"那个人根本不会来"。和面对其他焦虑的想法时一样，如果你屈服，这些想法就赢了。如果你对它们说："谢谢，你只是个想法。"然后采取相反的行动（比如邀请对方），那么你既克服了焦虑，又得到了想要的东西（让朋友来家里玩）。

⊚ 练习

你准备好做东了吗

请快速评估一下你是否准备好接待客人了。在每个问题的右边打勾（是）或打叉（否）。如果你在某个问题上打了叉，便可以参考这个问题中的内容，以此作为对抗焦虑的重点。

	是 / 否
1. 我能想到一个希望邀请朋友过来的活动吗？	
2. 我能找出至少三个肯定会来的朋友吗？哪怕最后其他人都没来，只有他们和我。	

（续表）

	是 / 否
3. 我是否有足够的座位让大家玩游戏？是否有足够的桌子和空间供大家用餐？电视机前面能坐下足够多的人吗？我有没有可以烧烤的户外烤炉？	
4. 我有想要邀请的人的联系方式吗（电话号码 / 微信 / 电子邮件）？	
5. 最近有没有一个非假日的周末，是大家最可能有空过来的？	
6. 我对做什么饭、拿什么烧烤、喝什么饮料、点什么菜等有想法了吗？	
7. 我是否明确地知道自己希望大家能带来什么东西，不带什么东西（礼物、食物、甜点、饮料等）？	
8. 我的家里干净吗？	
9. 我有没有准备好音响和背景音乐的歌单？	
10. 我安置好宠物了吗？我的宠物是不是已经接受过训练，不怕有陌生人来家里？	

练习

邀请朋友来家里

请参考以下示例。托马斯通过当面和发短信的方式邀请朋友在一个夏日的星期六下午来家里烧烤。你可以在下方空白处写出自己的对话。

托马斯：嘿，珍妮尔，最近怎么样？

珍妮尔：挺好的，你呢？

托马斯：我也挺好的，谢谢。话说，过几周我想请一些人
来家里烧烤。你想来吗？

珍妮尔：听起来不错呀。什么时候？

托马斯：两周之后。6 月 30 日，下午 5 点左右。

珍妮尔：好呀，应该可以，我到时候能过去。需要带什么
东西吗？

托马斯：太好了！不用带东西，我这儿什么都有。你可以
带人过来，提前和我说一下就好。

珍妮尔：我会的，谢谢啦！

托马斯：那到时候见！

....

....

....

....

约会

　　如果你还是单身，约会可能是最让你害怕的社交情境了，各种各样的焦虑都会被触发，也包括最可怕的那种：害怕被拒绝。社会和媒体每天都在强调性、浪漫和亲密关系，因此，你有必须找到另一半的压力也是很正常的。也许你觉得自己不够有吸引力，不够有趣，不够酷，所以没人会喜欢你。当你开始这样想时，一定要记得使用书中的方法，慢慢涉足这个人生领域，而不是完全回避它。

— 练习 —

谎言与事实

　　在下表中圈出你曾有过的错误信念。下次如果你发现自己又这样想了，就可以用相应的事实进行认知重构。

谎言	事实
每次约会我都会给自己很大的压力，因为一旦搞砸，就证明了没人会爱我。	世界上有那么多人，只是一次约会失败没什么。这次约会只是你漫长人生中的区区几小时，这个不行就继续找下一个。
我必须想出特别好的搭讪方式。	最好的搭讪方式就是微笑，保持眼神接触，自信地说："你好。"
我不够有吸引力，没人想和我约会。	每个人都有适合自己的人。消极信念并不会帮你得到你想要的亲密关系。
我是女人，所以要等着男人来追我。	现在已经是 21 世纪了！喜欢谁就去表白吧。
我必须在某个时间点和对方上床，不然的话他们就不会喜欢我。	性行为永远是需要双方同意的，而且，你的价值不取决于任何一个人对你的性欲望。
在个人介绍里，我必须夸张地描述自己的兴趣爱好，只发好看的照片。	人们欣赏诚实，不喜欢卖虚假人设。
如果约人出去又被拒绝，我会无法承受。	被拒绝的难受是暂时的。这种感觉确实不舒服，但并不危险。继续生活，勇于尝试。
约会就必须喝酒。	约会可以不喝酒。你们可以一起喝咖啡，吃午餐，野餐，郊游，逛博物馆以及任何景点。

　　不仅仅是社交焦虑者，对每个人来说，总有些约会是尴尬的。因此，愿意承受自己的不适感是成功的关键。在整个约会过程中，接纳和暴露都是至关重要的。

　　如今，约会大多是从线上开始的，所以不必害怕使用这种媒介。如果你没有适合放在个人简介里的照片，可以和朋友一起出去玩，做一些有趣的事情，然后拍照留念。这些照片会很好地展现你的兴趣和个性。在个人介绍里，要突出自己的兴趣爱好，开放地谈论自己。个人介绍的目的是让人们了解你是谁，以及你的生活是怎样的。

　　如果你在交友软件里看到了感兴趣的人，想给对方发消息，以下提示可以让整个过程变得不那么可怕。首先，找到你与对方的共同点，并在发送的消息里提到这个共同点，比如你们两个可能都看了同一档电视节目，或者来自同一个地方。你可以简单地介绍自己，让对方知道你对他感兴趣，然后看看会发生什么。如果进展不顺利也没关系，总有其他人在等着你。因此，如果你的想法让你对某个人倍感焦虑，请挑战这些消极想法。

练习一

约会软件里的对话示例

以下列举了一些可供参考的示例问题，供你在与人见面交谈时使用。请通读下面的清单，然后想象自己正在与某人进行初次约会，或者在社交场合见到了喜欢的人，写出想象中的对话。你可以根据自己的兴趣、参加的活动、看过的电视节目、对新闻的看法等提出许多类似的问题。

- 你是哪儿的人？
- 你来（城市）多久了？你喜欢这儿吗？
- 你在这儿有家人吗，还是你的家人都在（对方的老家）？（这能表明你在认真听对方说话）
- 你做什么工作？
- 你在哪儿上的大学？
- 你的夏天 / 冬天过得怎么样？
- 你最近在忙些什么？
- 最近有什么有意思的活动吗？
- 你在工作之余喜欢做什么？

- 你看过（自己看过的电影 / 电视节目）吗？

- 你喜欢什么样的节目？

- 你喜欢运动吗？

- 你最近读过什么有意思的书？

- 你平时看新闻吗，还是对新闻完全不感兴趣？（你可以
  根据对方的答案提出更多的问题。但是请注意，关于政
  治的话题可能会引起争议！）

....

....

....

....

....

....

....

....

....

....

　　你或许仍然觉得约会十分可怕，但是，把它分解为若干个步骤后，你也许会发现自己能够应付。保持正念和觉察，允许自己有一些不适感，同时把能量和注意力投入手头的任务中。在网上填写好自己的个人介绍，多给几个人发消息，约人出去，做约会的计划，出门约会，向对方提问以便深入了解。如果你觉得自己和某个人见面后相处得很好，请敞开心扉，让对方知道你的心意。如果你被拒绝了，记住每个人都被拒绝过，这并不是世界末日。

小 结

● 诚实地完成评估，了解你的社交情况。

● 勇于尝试不同的东西。这是克服焦虑、获得你想要的生活的最佳方法。

● 制订一个游戏计划，包括与人会面、集思广益、制订计划、出去玩、在家招待朋友、约会。

● 当你试着和某人建立联系时，要开放、诚实、友好，提很多问题。

● 使用正念策略，专注于当下，抛开所有试图分散你注意力的消极想法。

● 接纳身处社交场合中的困难和焦虑，相信自己能渡过难关。你可能需要多试几次，因此，请保持耐心。

● 反复练习暴露可以树立信心，减少焦虑，增加成功的可能性。

第 4 章

工作场合

工作占据了人生的很大一部分时间，何不充分利用它呢？如果肆意放任，焦虑会阻碍工作满意度、成就感、薪资水平、人际关系和整体幸福感。克服工作中的社交焦虑的重点，与本书中讲到的其他社交情境是相似的。你必须足够了解导致焦虑的原因，收集所需的信息、技能和资源，然后按照计划解决问题。坏消息是，你不得不给消极想法和不适感留出空间，并甘愿冒险。好消息是，尽管如此，只要通过充分的准备和实践，你就可以克服工作中最困难的情境。

现在让我们来认识一下玛雅吧！玛雅是一名 29 岁的女性，曾在美国得克萨斯州奥斯汀市的一家有机食品公司担任会计。她一直为害羞所困扰，被家人和朋友称为"静静"。实际上，玛雅很享受自己的人际关系，也愿意与朋友们交往，但是非常害怕他人的评判、屈辱和失败。在成长过程中，玛雅一直成绩优异，部分原因就在于她总是努力学习，以免从老师那里收到负面反馈。玛雅喜欢那些她自信能学好的科目，例如数学和科学，并最终获得了会计学学士学位。

但是，英语和历史课对玛雅来说就是另外一回事了。它们不在玛雅的舒适区内，她总是害怕分享自己的想法、参与课堂讨论或者做演讲。她强迫自己去做这些事情，总是极度紧张地完成演讲或小组项目，但从未真正对自己产生过任何信心。玛雅一直担心如果自己说了"错误"或"愚蠢"的话，大家就会不喜欢她，所以除非确定自己说的是对的，她基本上都会保持沉默。

这种回避困难科目的习惯也延续到了玛雅的工作中。同事认为玛雅很友好，讨人喜欢。但她却对工作中所有需要表现自己或可能被他人评估的情境深感困扰，也不敢与他人对质或公开表达自己的想法。

你的工作生活怎么样

　　你选择这本书，也许正是因为社交焦虑明显干扰了你的工作生活。可能面临的常见挑战包括：与他人交流，分享自己的想法，在会议上发表讲话，在同事面前保持坚定。社交焦虑者经常陷入一些陷阱，比如被消极想法控制、自我怀疑、害怕失败或屈辱，因此很难获得职业上的成长："如果说错话，我会看起来像个傻瓜，还有可能被解雇。"然而，保持沉默反而会不断增加焦虑和回避，还会错过工作上一些宝贵的机会，如做报告、晋升、承担更多的责任和拿到更高的报酬。

　　我们之前讨论过正念、接纳、暴露和认知重构，将这些方法结合起来搭配使用，对攻克以上难题非常有效。例如，让我们来看看如何运用认知策略解决诸如"我所有的主意都很糟糕"或"每个人都认为我是个傻瓜"之类自暴自弃的想法。你在现实中很难找到支持这些想法的论据——如果诚实地看待自己的经历，你很可能反而会发现大量证据，表明同事们认为你很有能力，十分称职。你恐怕也找不到太多证据，能够支持自己想象中的最坏情况，比如"我的老板肯定会讨厌这个主意，所以我会被解雇的"。从理智上讲，我们没有必要回避并不危险的事情，但是，头脑很容易会把重要的会议和报告误认为真正的危险。

那么，请你深呼吸，询问自己："我能应付这种情况吗？如果最糟糕的结果发生了，比如感到尴尬、被嘲笑、被开除，我能应付吗？"首先，这些结果很可能不会发生，因为如果你确实为会议或报告进行了准备，就很可能提出一些明智的主意。请相信自己的能力，不要被焦虑的头脑欺骗，去逃避那些你完全有能力应对的事情。

如果你讨厌做报告之前产生的焦虑、压力、紧张感，最好尝试正念和接纳的方法。请记住，情绪只是情绪，想法只是想法，生理感觉也只是生理感觉——所有这些都会过去。它们都不会威胁到你的生命，也不会一直持续，更不会伤害到你，让你心脏病发作或疯掉。你会感到不舒服和难受吗？确实会。但这是需要躲避的危险吗？算不上。当它们到来的时候，让它们来就是了，继续你的生活。这就是接纳的关键。

你或许还记得，暴露也是这样——愿意直接面对自己害怕的东西。所以，请务必用积极开放的态度参加会议、做报告。当你直面这些挑战时，不断积累的经验会告诉你，最坏的情况通常不会成真，你的适应能力比想象中更强，一旦进入其中，那些可怕的事情也没那么糟糕。

◎— 练习 —

工作中的哪些事件让你感到焦虑

阅读下面的工作情境清单，根据它们给你带来的焦虑程度进行 1-10 的打分。如果需要的话，在最后两行填上你自己的例子，并评估其焦虑程度。

工作情境	焦虑程度（1-10）
准时上班	
对同事说"早上好"	
休息时被人发现	
在饮水机或公共休息区和人聊天	
在去卫生间及回来的路上和人聊天	

（续表）

工作情境	焦虑程度（1-10）
使用办公室的卫生间	
发工作邮件	
接打工作电话	
参加会议	
在会议中安静地坐着	
参加团建	
在会议上做报告	
请病假早退	
因为孩子的事情请事假早退	
请假 / 去度假	
谈加薪	
绩效考核	
和老板说话	
和同事一起做项目	
指出某人的错误	
和客户打交道	
提出创意	
参加工作场所中的聚会	

（续表）

工作情境	焦虑程度（1-10）
参加工作场所之外的聚会，比如假期聚会、和同事一起去酒吧等	
在下班路上和人聊天	
找工作	
求职面试	

得分：

　　浏览列表，统计你打分为 7 或更高的情境数目。0-8 个表示你有低至中度的工作焦虑，9-18 个意味着对你来说大部分时间工作都是一个非常焦虑的环境，19 个以上则意味着你现在必须努力克服自己的工作焦虑了。

⊚ 练习 ▬

你如何回避工作中的焦虑

对于每一种回避行为，在最能说明你采取该回避行为可能性的一栏打勾。

回避行为	偶尔	有时	总是
在会议中保持沉默			
不提出自己的想法			
准时到达和离开工位，避免和任何人产生交流			
避免眼神接触，以逃避和人打招呼			
拒绝在会议上做报告的机会			
找借口逃避和别人一起吃午饭			
通过玩手机和社交软件逃避与他人交流			
通过戴耳机逃避与他人交流			
避免当面指出别人的错误			
回避和老板讨论加薪或自己的工作表现			
不参加在办公室举行的社交和团建活动，或者编借口逃避			
不参加在办公室外举行的社交和团建活动，或者编借口逃避			

得分： ....

计算你在"总是"一栏打勾的行为数目。0-3 个表示你有低至中度的回避行为，4-8 个表示回避行为已经显著影响了你的工作生活，9 个以上则意味着你把大部分精力都用在了回避社交上，必须尽快着手解决这个问题。

练习

回避行为产生的代价

请用打勾（是）或打叉（否）回答以下问题，由此找出你的回避行为是如何影响工作的。

	是 / 否
1. 我是否还能在工作中做得更多，从而感到更满意、更有成就感？	
2. 我是否卡在不喜欢的工作或职业中了？	
3. 我是否一直在考虑追求另一种工作或职业道路，但因为缺乏信心或害怕失败而没有采取行动？	
4. 我是否难以专注工作？	
5. 我是否在工作中感到孤独、与他人没有联结？	
6. 我是否觉得大家不爱理我，会在一起吃午饭、一起去酒吧时把我漏掉？	

（续表）

	是 / 否
7. 我是否升过职?	
8. 我拿的薪水比应得的少吗?	
9. 当我有了个主意时，是否依然保持沉默，而这个主意被别人提出后却得到了大家的赞同?	
10. 我在工作中感到一文不值 / 愚蠢 / 无能吗?	
11. 我每天都害怕上班吗?	
12. 在工作中是否有让我感到焦虑、给我持续压力的人?	

　　计算打勾的项目数。只要得分大于零，就代表回避行为会让你在工作中付出代价。所以，是时候解决你的焦虑和工作压力了。

参加会议

　　有的人喜欢也擅长自己的工作，但偏偏害怕开会和其他可能会受到他人评价的公共活动，玛雅就是一个很好的例子。这使得她在工作中承受了不必要的压力，也阻碍了她尝试新事物和成长的意愿。玛雅特别讨厌与主管一对一会面，总是想：为什么就不能发个邮件呢？成功驾驭会议是参与任何专业工作都必不可少的一项关键技能，我们经常需要开会，所以如果想让工作生活更加幸福，就必须学会接纳开会以及会议可能引发的焦虑感。让我们将其分为三个阶段：会议之前、会议期间和会议之后。

　　在会议之前降低焦虑的最佳方法是做足准备。你可以想一想：这次会议的目的是什么？同事和老板期望你在会议中做什么？花10 分钟时间提前写好计划，在脑子里把会议上你需要的所有信息都过一遍。第二个有用的技巧是做好身体上的准备。多喝水，适当吃点东西，这样你才能够保持警觉和专注。记得练习正念技巧——如果你在会议开始前的几分钟非常焦虑，可以花上 5 分钟进行放松、深呼吸或正念练习，也可以跟着视频网站以及手机上的各种应

用来做。这会帮助你摆脱紧张的情绪。虽然这些小技巧并不能完全
消除紧张感，但是没关系，请记住，你是可以忍受焦虑的。

接下来，让我们专注于会议期间的目标：进行对话，参与会
议。这件事与其他任何形式的暴露练习一样，都是越做越容易
的。而且，如果你定期进行正念和冥想练习，在需要的时候就更
容易信手拈来。此外，请记住认知重构的价值。当出现负面想法
时，告诉自己："我注意到自己现在有 .... 的想法。"然后，
你可以挑战该想法，也可以简单地把它放到一边，不去管它。凡
是与会议内容没有直接关系的想法，例如"其他人是不是都知道
我很焦虑"，你都不需要思考、解决或回答。没必要做到完美，
因为即使最自信的人有时也会尴尬或犯错，但他们不会任由对失
败或尴尬的恐惧阻止他们。你不必试图表现得很出色，把目标定
为积极地参与即可。

在下一次会议、报告或其他引发焦虑的工作活动之后，留意
一下你的焦虑水平，并反思整个过程：一切是不是顺利？有什么
地方可以改进？你是不是纠结在某个特定的想法上了？还是说身
体上的某个焦虑症状让你很不舒服？请思考这些问题，以它们为
参考，为下一次会议做好准备，从而增加自信、降低焦虑。

练习 —

说错话玩玩

人们在会议上往往会害怕不小心说出蠢话，从而感到尴尬。那么，何不在压力较小的情况下直面这种恐惧呢？这样我们就不会对此感到那么害怕了。你可以选择一天去购物中心、百货商场或大超市。任务很简单：去和 10 个人搭讪，说一些听起来很荒谬的话。首先要吸引他们的注意，确保他们在认真听，然后说些毫无意义的话。这项练习没有任何限制，但目标很明确：直面尴尬的恐惧，而不是逃避它。以下是一些你可以拿来和陌生人搭讪的参考。

● 你有没有橙子可以喂我的考拉？

● 你能告诉我去塔希提怎么走吗？

● 你知道今天火星上的温度吗？

● 你知道哪儿可以给我的激光剑充电吗？

● 你收迪士尼纸币吗？

⊙ 练习 —

制订会议计划

现在是时候制订会议计划了。请你规划在下次工作会议之前、期间和之后需要做的事情。

在下方空白处写出需要为下次工作会议做的准备，可以包括准备报告或回顾数据等工作任务，也可以是深呼吸和正念等缓解焦虑的策略。

....

....

....

....

....

....

你在会议期间计划做什么？如果老板当场点你的名字，问了你一个难题，该怎么办？你担心会发生什么事情，比如尴尬的沉默？如果真的发生你又要如何处理？你在会议期间会做些简单的肌肉放松以保持镇静吗，还是进行另一种认知重构练习？

··

··

··

··

··

··

　　会议结束后，请在下方空白处描述刚刚发生的事情：写下你做得好的地方、可改善之处，以及你在过程中的焦虑水平如何。

··

··

··

··

··

··

区分"工作"和团建

老实说，大多数人都不喜欢团建。不是只有你一个人觉得这些活动和正式接触尴尬、讨厌、引人焦虑。但好消息是，只要掌握几个简单的技巧，这件事情就不会是什么负担了，甚至还有可能变得有点意思。

首先，团建的糟糕之处在于孤零零地站在那儿，感觉自己谁也不认识，也找不到人可以聊天。不过你猜怎的？其他人也都是这样的！你要做的就是找出这些人，走上前说："你好，我是玛雅，你是？"这样一来，焦虑和紧张会即刻消失，因为这个人和你一样，都会因为终于有个人可以说话而感到轻松，还会很感激你迈出了第一步。谈话不必从复杂的话题开始，你可以先介绍自己的名字，然后问问对方是什么岗位的。这是完全适用于团建场合的话题。

与上文谈到的"参加会议"一样，你可以在团建之前花几分钟，回顾自己的抗焦虑工具箱，为接下来的活动做好准备。团建实际上是一个练习暴露、放开评判性想法的好机会，而且风险相对来说很低。团建中有许多触发社交焦虑的常见因素，比如很多陌生人、进行交流的期望等，但团建和去朋友家参加聚会不一样，这次活动结束之后，你可能永远不会再见到这些人中的绝大多数了！所以你尽可以冒险承受一点社交上的尴尬感，参与其中，练习融入，尽管你会觉得焦虑。

在团建开始时，请设定目标，找到相关职位上的一个人，开始社交。在此之后，下定决心至少同 10 个人聊天，也可以是更多人。请记住，暴露的诀窍是练习得越多就越容易。因此，反复练习与人搭话吧。每次遇到一个人，就与对方进行充分的互动，询问有关工作、职位或专业知识的问题，最后还可以与他们交换工作名片。

团建结束后，仔细翻看你收集到的名片。如果觉得自己和某个人聊得不错，至少要发封电子邮件或打个电话，以续前缘。

练习 一

"5+5+5"

这项练习旨在分析并克服你同别人搭话、介绍自己时的恐惧。在第一个空白处，列出 5 个可以走到陌生人面前练习打招呼的场所，如超市、购物中心。在第二个空白处，列出你认为自己可能会产生的 5 种焦虑症状，如心跳加速、出汗、消极想法。在第三个空白处，写下如果你去了前面的场所并完成了练习，可以给自己作为奖励的 5 件事。你是在为自己创建一个暴露计划，学习直面和思考会触发焦虑的因素，这会让你的恐惧感减轻。给自己一些小奖励，则会让学习和练习变得更加容易！

练习场所

1.

2.

3.

4.

5.

焦虑症状

1. ....

2. ....

3. ....

4. ....

5. ....

给自己的奖励

1. ....

2. ....

3. ....

4. ....

5. ....

—— 练习 ——

做志愿者

至少尝试一次，花几小时的时间去做志愿者。你应该去哪里、做什么呢？你完全可以自己决定，但是这个志愿活动中有越多社交互动越好。你可以去流浪者收容所或流动厨房做志愿服务，辅导孩子做功课，帮忙举办大型社区活动。在这项练习里，你要成为领导者和中心人物，必须至少在活动中结识 10 个新朋友，可以是与你一起工作的志愿者，也可以是你提供服务的人。你会从中获得以下收获：

- 成就感
- 感到自己做了对社会和其他人有益的事情
- 结识新朋友
- 练习社交
- 做与日常工作完全不同的事情
- 摆脱思维怪圈，专注于做事或关注他人，而不是只顾着焦虑

练习 —

与想法反着来

社交对我们来说如此困难的原因之一，就在于源源不断涌出的消极想法。这些想法可能会告诉我们："我没法去找那个人打招呼。""我太焦虑了，没法进行社交活动。"这项练习的目的就是要证明，你可以摆脱这些想法的束缚，甚至可以做与之完全相反的事。想法只是一系列文字，无法决定我们的行动。请以自信的声音大声读出以下清单中的内容，并同时进行相反的操作（如括号中所列）。例如，当你的头脑说"我必须坐着"时，希望你能站起来。在每个完成的项目前打勾。

☐ 我必须坐着。（站起来。）

☐ 我只能小声嘀咕这些话。（喊出这些话。）

☐ 我绝对不能唱国歌。（立刻开始唱国歌，不论你现在在哪儿。）

☐ 我必须把双手放在身体两侧。（挥动双臂，举过头顶。）

☐ 我不能去外面做 10 个开合跳。（走出门做 10 个开合跳，只要体能允许。）

- ☐ 我现在不能给朋友发消息问他们怎么样，或提议一起出去玩。（立刻给朋友发消息。）
- ☐ 我现在不能喝水，因为这不是我应得的。（去喝水。）
- ☐ 我无法在纸上写脏话。（现在就写一些脏话。）
- ☐ 我绝对不可能盯着镜子里的自己 30 秒。（照镜子，看着自己的眼睛 30 秒。）
- ☐ 我不能保证完成本书中的练习，因为它们太难了。（对自己承诺，一定会完成本书中的练习。）

做报告

如果你正在阅读本书，那么你很可能不喜欢发表演讲，并且一直都很难在公众面前讲话。别怕——你在本书中学习和练习的技术会帮你攻克这个难题。

还记得在自己的领域非常成功，但一直讨厌做报告的玛雅吗？尽管在学习生涯中她一直被迫做各种课程报告，但这件事从未变得容易。既然玛雅经历了那么多次暴露，为什么做报告对她来说还是很难呢？答案是，仅仅让自己处于压力状态然后"咬牙忍受"是不够的！这根本不是接纳，而是抵抗、回避和尝试控制。为了让暴露生效，你必须真心接受自己即将步入困难或恐怖的境地，并愿意体验接下来发生的一切。

所以在这种情况下，玛雅必须直面自己的焦虑，愿意在做报告时感受到焦虑，并在整个过程中保持专注和正念，以便获得更大的收获。这么做会让玛雅认识到：

1. 即使事情变糟，她也能应付自如。

2. 即使最坏的情况发生，比如她搞砸了、惊恐发作、开始
出汗等，她也是可以做报告的。

3. 最坏的情况通常不会成真，因此实际上她可以专注于自
己的演讲，而不是只关注焦虑情绪。

4. 下一次做报告时，她不必在开始之前就那么焦虑了。

⊚— 练习 —

接纳工作中的 10 种不适

在工作中，你会遇到许许多多的社交焦虑挑战，其中一些最好通
过暴露或直面问题来克服。然而，也有一些问题似乎不是你能够控
制和改变的，比如与你不喜欢的人打交道，或者执行自己不喜欢的任
务。仔细思考工作中你需要学会接纳的 10 种最不舒服的事情、情境
或问题，写在下方空白处。记住，接纳不是放弃，而是愿意感受到不
适，为情绪留出空间，不再抵抗和挣扎。这样做可以在认知和情绪的
双重层面解放你的精力和能量，让你能够把它们投入到自己重视和关
心的事情中去。

1.

2.

3.

4.

5.

6.

7.

8.

9.

10

　　如果你接纳了刚才列出的 10 个项目，便可以留出更多精力投入其他事情中。在接下来的空白处写出你想为之投入精力的 5 个领域、人、任务或其他工作中的问题，可以是一个新的项目、一个你想深入探索的想法、学习一项新技能，等等。

1.

2.

3.

4. ....

5. ....

首先，让我们讨论一些可以帮助你在做报告之前建立信心的方法。最重要的是准备。要给自己充分的时间来做准备，但不要准备过度。

计划好要说的内容，制作完 PPT 之后，就可以开始练习了。从头到尾不停顿地把报告内容过一遍，在对自己的表现或资料不太确定的地方做一个小标记。你的头脑可能会告诉你，你会失败，或者你不够出色，随它去。几分钟后，重新回到有困难的地方，看看你是否能将自己的想法更加具体地表达出来。

在修补了报告过程中的漏洞后，请重新练习整个过程。在演练时，要确保你是站着的，讲话时声音洪亮，并使用实际的材料。过完第二遍之后，如有必要，可以回头再做一些调整，改善你的措辞或解释方式。接下来，你可以休息几分钟，整理思路。如果头脑中仍然存在着干扰你的消极想法，请接纳不适感，并提醒自己进行此次报告的意义，比如为了职业发展、处理焦虑情绪、就自己关心的事情发表看法等。

现在，请第三次完整预演报告过程，看看自己能做到多好。如果你偶尔在某个单词或某个主题上卡住了，不要苛责自己。停下来深呼吸，集中精力，然后继续。观众们不会跑去别的地方的，你就是这个房间的主人。

在做报告的当天，一定要先吃点东西、喝点水，然后尽力而为。请记住，你可以在报告过程中接纳自己的焦虑，而且不论事情有多糟糕，总比完全没有尝试过要好。你应该为勇于面对恐惧的自己感到骄傲。如果还想在这个领域多一些进步，你可以尝试报名参加公开演讲课程或加入演讲俱乐部。

◎— 练习 —

与朋友辩论

要想提高表达技巧，降低在演讲方面的焦虑，需要找到创造性的练习方法。想想你可以在生活中和谁一起讨论政治问题、时事，甚至仅仅是对电影或球队的看法。你想讨论哪些主题？你可以询问朋友是否愿与你讨论，也可以在下一次见到朋友时直接开始对话或辩论。

不必担心对与错，不要专注于焦虑，只要专注于尝试说出自己的想法
即可。练习那些你已经逐渐喜欢上了的缓解焦虑的方法，例如深呼
吸、肌肉放松或抛开消极想法。在下方空白处写出你可以与之辩论的
三个人和三种观点。

....

....

....

....

....

....

与老板打交道

与老板打交道和与同事打交道相似，因为无论与谁沟通，开放、直接和诚实都很重要。最大的不同是，你可能会有点害怕老板，因此这个情境可能更容易引发焦虑。但是请记住，老板的工作不是吓唬你，而是进行管理并确保你有效完成工作。大多数老板不会对你有私人仇恨，也不会故意做坏人或让你感到紧张。如果你明白了老板行为背后的动机，可能就会感到以诚实、坚定的方式与他们交谈变得更轻松了。

举个例子，假设玛雅对自己的工作有些不满，想和老板谈谈。在跑去抱怨之前，其实她最好先从老板的角度考虑一下。老板也是人，不会喜欢整天听别人抱怨、替所有人解决问题，也有自己的责任和需要完成的事情。考虑到这一点，玛雅应该尝试把抱怨放在一段更宽泛的对话中，并在对话中提及一些积极的方面。比如，当她去找老板时，可以先说说最近在工作中取得的"胜利"或其他积极收获。老板都愿意听这样的消息，这会让他们感到高兴，也会让你在他们眼中有更积极的形象。

建立边界

玛雅注意到，随着对方法的练习，她关于会议的焦虑减少了。但是，有几个同事总是对玛雅冷嘲热讽，还想让她去做别人不想做的工作，因此玛雅仍然对工作感到焦虑。为了应对这一点，玛雅可以使用两个主要的策略：保持坚定和接纳。

保持坚定是一个很值得练习的方法，因为它会告诉你：你是重要的，人们必须尊重你。这可以帮助你建立自信。它还让你有机会暴露于引发焦虑的情境之中进行练习，从而正面挑战有关这种情境的消极想法和假设，这样一来，你往往就会发现自己是可以做到的，事情并没有那么糟糕。

保持坚定的方法包括：向对方表达不满（"琳达，我不喜欢你在会议上贬低我"），设定界限（"我希望你不要再说这种话"），通知对方不听劝告的后果（如报告上司）。这些互动应当尽量简短、直接、切合实际，这样有助于最大限度地降低焦虑并提高效率。无论你担心的是他人粗鲁的评论、不公平的工作量，还是惹人讨厌或令人分心的行为，应对方法都是相同的。

接纳的意思则是接受你并不喜欢这些同事，或者并不喜欢被迫和他们对抗。如果简单地回避问题，希望它自己消失，只会在你的工作中制造更多压力和沮丧，并不能带来任何好处。因此，接纳和保持坚定才是正确的解决方案。

然后，玛雅可以转而谈论自己面临的挑战或问题，同时牢记让自己保持镇定的方法。她可能要做一些正念呼吸，觉察自己的焦虑，为身体上的不适留出空间，并挑战脑海中出现的消极想法。她还可以尝试通过从容、缓慢地讲话来安抚焦虑的思维。把注意力放在对话上也可以减轻焦虑，让她能更有效地表达自己的想法。

如果你的焦虑主要是害怕在工作场合的社交活动中，或者在公司的咖啡吧、休息区或洗手间里碰到老板，那么你需要的是努力面对，而不是尽力避免这些情况。通过练习暴露，和老板聊天这件事会变得更容易，你在这些"非常尴尬"的情况下感受到的焦虑感也会下降。保持微笑和目光接触，然后说："嗨，最近怎么样？"这些你完全能做到，尽管你的头脑一直说你做不到。只要你不抵抗情绪或对情绪过于关注，短暂的焦虑峰值其实很快就会过去。你可以在办公室里挑战自己，寻求机会与每个人进行更多小互动，以降低焦虑对你的控制。

练习 ——

保持坚定的角色扮演

　　保持坚定是一种熟能生巧的技术。在这项练习中，你将一字一句地练习自己要说的话，先是对着镜子说，然后是对朋友说。请你想出一个需要保持坚定的工作情境。你想对同事说些什么呢？在下方空白处把你要说的话写下来。请记住，你要清晰而坚定地表达自己的困扰、希望看到的变化，以及这样给你带来的帮助和收获。例如："约翰，不应该只有我一个人写所有的月末报告，这不公平。团队中还有其他四个人，我们应该平均分配工作，要不然我就真的忙不过来了。"

....

....

....

....

....

....

现在，请对着镜子练习，想象你去找那个人，对他说这些话。自己练习几次后，可以找个朋友或其他可以陪你练习的人。你可以先告诉他们，这样的角色扮演能帮你克服一些你害怕的事情，增强对保持坚定的自信。在练习之后，让朋友给你一些反馈，并做出改进。

—练习—

溪水中的树叶

这是一项随时随地都可以做的正念练习。练习的目的是帮助你与特别消极或自暴自弃的想法拉开距离，让它们不会过分困扰你或是控制你的行为。你并不会完全摆脱这些想法，只是任凭它们来去，意识到它们不会永远待在你的头脑里。这样，当你在一些困难的工作场合（例如与老板开会或进行大型的工作报告时）出现消极想法，就可以用这项练习来应对。

1. 设置一个 5 分钟的计时。
2. 找个舒适的地方独自坐下。闭上眼睛，正念地做几次深呼吸。尝试用腹部或横膈膜进行深呼吸，缓慢吸气、缓慢呼气，每次 3 ~ 5 秒。现在，想象你正坐在一条宁静的小溪边。这是一条缓慢而平静的溪流，周围有茂盛的林木，你正坐在树荫下。

3. 当你看着溪水时，发现有叶子漂过，它们轻轻地沿着溪水漂向下游。看着叶子，想象自己将头脑中的每一个想法拿出来，放在一片叶子上，然后看着它们漂走。

4. 每当想到一个想法，无论是正面的、负面的、快乐的、悲伤的还是可怕的，都把它拿出来，放在一片叶子上，看着它顺着溪水漂走。

5. 持续练习 5 分钟。你只是留意到自己的想法，并将其放在树叶上，不要纠结在这些想法上。请注意，你不必改变想法的内容，这些想法也并不会伤害你或控制你的行为。

6. 完成后，你可以将注意力收回，回到当下，看看你和你的想法之间的关系是不是有了一些灵活的改变。

◎ **练习 ——**

对消极想法进行重构

自暴自弃的想法会导致回避行为，从而导致一些实际的后果。例如，你可能会在工作中被低估，或者被束缚在自己不喜欢的工作中。焦虑的头脑只会假设最坏的结果，忽视挑战、不适和"失败"可能给你带来的收获。举个例子，如果你认为"在会议上说出自己的想法，会让我看起来很无知"，可以将其重构为"我现在有一个机会分享自己的想法，并获得其他人的反馈"。直面焦虑并不意味着你要去做错的事情，而是意味着你正在用心地做自己在意的事情，希望能有个好结果。一直徘徊在你头脑里的"我不行"，其实更像是"我不愿意尝试，也不愿意面对可能的失败"。请在下方空白处写下 5 个消极的想法，然后对它们进行积极的重构。

消极想法：⋯⋯⋯⋯⋯⋯⋯⋯⋯⋯⋯⋯⋯⋯⋯⋯⋯⋯⋯⋯⋯⋯⋯⋯

重构：⋯⋯⋯⋯⋯⋯⋯⋯⋯⋯⋯⋯⋯⋯⋯⋯⋯⋯⋯⋯⋯⋯⋯⋯⋯⋯

⋯⋯⋯⋯⋯⋯⋯⋯⋯⋯⋯⋯⋯⋯⋯⋯⋯⋯⋯⋯⋯⋯⋯⋯⋯⋯⋯⋯⋯⋯

消极想法：⋯⋯⋯⋯⋯⋯⋯⋯⋯⋯⋯⋯⋯⋯⋯⋯⋯⋯⋯⋯⋯⋯⋯⋯

重构：...

....

消极想法：...

重构：...

....

消极想法：...

重构：...

....

消极想法：...

重构：...

....

加薪、绩效评估和人事

玛雅已经改善了与老板互动、参加会议和做报告的技巧，但是仍然无法进行一些困难的对话——就像我们所有人一样。其实，如果她一直在练习保持坚定，而不是回避与同事或老板打交道，就已经可以应对这些情境了。对于更困难的绩效评估、加薪或人事投诉情境来说，需要的技巧和前面是一样的。玛雅必须愿意同老板、主管、评估人员或人事专员开会，并在谈话过程中维护自己。

谈加薪

让我们从谈加薪开始。社交焦虑者可能会发现，自己能够张口说出遇到的问题，却羞于谈论自己的优势和贡献。然而，这种积极的自我推销是争取适当酬劳的必要条件。许多人不喜欢"自吹自擂"。如果你也有同感，请赶紧尝试一下认知重构。让老板知道你做得又好又努力、理应涨工资，与自吹自擂是完全不一样的，你不必为此感到不适。

为了使对话更顺利，可以提前做一些铺垫。如果你并没有与老板谈加薪的固定时间，请确保自己定期（每周／每月／每季度）与主管联系。在与主管的交谈中，务必要了解并沟通三件事：你的工作成绩、你下一周／月／季度的工作计划和目标，以及达成这些目标需要主管提供哪些支持。

在沟通时，最好诚实坦率地谈论你不够了解或需要帮助的事情，而不是试图撒谎或掩盖它。放开你对寻求帮助这件事的消极判断和假设，可以正念地觉察到这些想法，也可以进行认知重构。

如果你与老板定期举行这种例行会议，那么到了满半年或一年时，就是谈加薪的时候了。他们已经了解了你的绩效，所以很可能会顺应你的要求。

绩效评估

可能对于许多人来说，绩效评估也是一个具有挑战性的情境。

玛雅很讨厌失败，想尽一切办法去避免失败，所以她才会害怕这样的谈话。不过，让我们挑战一下这样的想法：在绩效评估中获得"负面"反馈是一件坏事。如果你关心自己的职业生涯，也想要更进一步，获得有关哪里可以改进的反馈是至关重要的。请试着留意自己是否在参加这些会议时产生了防御心理。焦虑和防御往往同时出现，它们都是对恐惧的反应，因此，如果可以挑战焦虑的想法，明白反馈未必是一件坏事，你的焦虑和防御感就会降低。这会让老板和评估者对你产生更积极的看法，因为你展现了自己的灵活性，以及接受反馈、学习改进的意愿。

如果你需要就工作中的某些问题与人事专员好好谈一谈，可以像之前准备其他会议一样为这次谈话做准备。你可以问问自己："我想通过这次会议达成什么目标或沟通哪些问题？我的论点和论据都是什么？我正在寻求怎样的解决办法？"提前知道这些问题的答案将减少你对谈话的焦虑。

接下来，你可以在参加会议之前快速地做一遍放松练习，并在会议期间保持正念，专注于当下，积极地参与整个对话。最后，请在下班后为自己做点什么，奖励和犒劳一下自己。

练习

你有什么价值

澄清自己的价值观，据此采取积极的行动，是克服社交焦虑的一个重要方面。焦虑往往会使我们陷入困境。在焦虑状态下，我们可能会觉得自己一文不值，什么也做不了，最好还是安安静静地自己待着。

在这项练习中，我希望你思考一下自己的优势，尤其是作为一名员工的优势。还要想一想，如果不再受到焦虑的困扰，你的优势可能会是什么，你会做些什么不一样的事情。如果明天一早起来，你发现自己一点都不焦虑了，那么你会如何与同事、老板互动？你在会议和社交活动中会有怎样的表现？你会争取升职或者干脆换个工作吗？请尽情地大胆想象。在下方空白处，写下你擅长什么、在职业生涯和工作生活中看重什么，以及摆脱焦虑后可能具备的能力。

....

....

....

....

....

练习

思想泡泡

思维反刍是指反复思考同样的焦虑想法，这是一个社交焦虑者常常会陷入的棘手陷阱。为了打破这种看似无止境的循环，可以尝试一些正念策略。如果你产生了一个特别消极或极度引发焦虑的想法，又找不到答案或解决办法，可以尝试以下方法。

1. 花一点时间，找个舒适、安静的地方坐下。

2. 正念地深吸一口气，闭上眼睛。

3. 调出令你饱受困扰、不断反刍的想法。

4. 现在，想象自己就像公园里的小孩一样，正在吹泡泡。

5. 将消极想法放入一个大泡泡中，让它不断向上飘，向上飘……然后——啪！泡泡破了，泡泡里的想法也不见了。

6. 用头脑中出现的另一个想法重复这项练习：将它放入一个泡泡中，看着它飘浮起来然后破掉。

7. 继续将想法放入泡泡中，看着它们飘浮起来然后破掉，重复练习 3 分钟。

求职面试

对社交焦虑者来说，求职面试不仅包括了所有常见的焦虑触发因素——与陌生人互动、保持坚定、谈论自己，而且比平时更加利益攸关。幸运的是，本章中的所有练习都可以应用在面试中，帮助你减少焦虑，树立信心。

具体到面试来说，最重要的就是准备和练习。请尝试保持正念并积极地参与对话，提醒自己，你也在面试他们，也在看这份工作是不是适合自己。挑战所有可能的消极假设，比如你得不到这份工作就完蛋了，你永远都不可能找到工作，等等。

◎—练习—

面试快速准备

请在下方空白处列出你在面试中可能会被问到的三件事、你想谈论的三项优势、使你对面试感到焦虑的三件事，以及可以战胜这些焦虑触发因素的三种方法（正念、认知重构等）。

可能被问到的问题

1. ....

2. ....

3. ....

你的优势

1. ....

2. ....

3. ....

让你焦虑的事

1. ....

2. ....

3. ....

可以使用的策略

1. ....

2. ....

3. ....

小　结

● 直面引发焦虑的情境和触发因素，包括会议、团建以及与老板的
对话。

● 做好准备。针对某个特定情境需要进行的沟通和需要完成的工作，
在脑海中演练，把重点写下来，大声讲出来。

● 在镜子前和朋友面前反复练习暴露，以便让你在应对真实情境时
更轻松，更自然。

● 当你接触新人时，把结识新朋友和克服预期焦虑当作一个有趣的
游戏。

● 记住，老板也是人，要开放、坦诚地与老板交谈。

● 保持坚定！确保你的需求得到满足，确保人们尊重你、了解你带
来的价值。

● 每当出现消极想法时，练习正念，放松，进行认知重构，或者随
它去。

● 专注当下，在困难的情境中也保持参与，让以上技巧发挥出最大
的效果。

第 5 章

公共场所

现在是时候将注意力转移到公共场所和公共场合可能引起的焦虑上了。也许和人们熟悉后，你的焦虑就会减少，但你依然对人群、陌生人和闲聊感到紧张。在公开场合你最怕的是什么？是担心别人对你的评价吗，还是担心自己会惊恐发作，或者被困在某个地方，比如电梯里？是不是一离开舒适的家你就会焦虑不安，所以大部分晚上都是宅在家"放松"（逃避社交焦虑）？也许，与他人闲聊是你觉得最困难的事情，无论对方是杂货店的收银员、餐厅的服务生还是载你去听音乐会的司机。

无论如何，你都需要找出困扰自己的问题，应用已有的工具和方法（暴露、正念、接纳、认知重构），练习摆脱困境。许多有趣的活动都是在公共场所展开的，也是与朋友、家人和伴侣建立联结的好方法，你一定不想让社交焦虑把你和他们阻隔开吧。

现在，让我们来认识一下克莉丝。克莉丝是一名 42 岁的女性，职业是小学老师。她与大学时的恋人结婚了，幸福地生活在科罗拉多州丹佛市的郊区。从很小的时候起，克莉丝就一直喜欢安静的活动，例如读书、艺术创作、弹钢琴以及与小动物相处。在不熟悉的公共场所里，以及可能不得不与诸如服务员或水管工之类的陌生人交谈时，克莉丝会感到十分焦虑。最近，她的丈夫一直在鼓励她多出去走走。克莉丝有一些她视为好友的同事，但她并没有花很多时间跟他们在一起，因为同事们总是想去那些会引起她社交焦虑的地方。克莉丝希望自己可以和他们一起出去玩，但回避行为是她的拦路虎。

你的公共生活怎么样

对于你而言，公共生活是保持安静并尽可能避免与陌生人交谈吗？当朋友或同事邀请你看电影、吃晚餐、听音乐会或去酒吧时，你是否会找借口拒绝？如果在候诊室里、公共汽车上或排长队时，有陌生人试图与你闲聊呢？你会如何回应？许多社交焦虑者可能都会习惯性地避免以上情况，因为当有陌生人和他们说话时，他们担心自己会在公共场合惊恐发作，又或者显得愚蠢、舌头打结。然而，回避只会使情况变得更糟。如果你能在这些困难的情境中练习搭话和社交，它们就会渐渐变得更加容易和轻松。

◎ 练习

在公共场所什么使你焦虑不安

看看下面列出的这些情境，在所有引发你焦虑的情境前打勾。如果你认为还有其他引发焦虑的情境，可以在空白处列出。

☐ 与店员或收银员交谈

☐ 在商店寻求帮助，寻找某种商品

☐ 在家里与管道工、维修人员等交谈

☐ 在电话里与管道工、维修人员等交谈

☐ 在酒吧点饮料

☐ 在餐厅点菜

☐ 决定给多少小费

☐ 外出就餐时决定吃什么

☐ 当着别人的面吃东西

☐ 在餐厅结账

☐ 问路

☐ 在与朋友一起玩或约会时，决定或讨论由谁来付账

☐ 去电影院

☐ 出席音乐会

☐ 去一个没去过的地方

☐ 逛商场

☐ 在市区漫步

□去看体育比赛

□找停车位

□与出租车司机或拼车的乘客交谈

□在酒吧里玩游戏（飞镖、撞球等）

□在酒吧里与陌生人交谈

□在候诊室中与人交谈

□在排队时与人交谈

□在拥挤的城市或地区开车

□在飞机上与人交谈

□在公共汽车或火车上与人交谈

□ ....

□ ....

□ ....

□ ....

得分：..............

计算你的总分。如果得分为 0~7，你可能在公共场合表现得不错；8~15 分表明你在公共场合有比较显著的焦虑；16 分以上则意味着，公共场所的确是你人生中需要努力克服焦虑的一个领域。

◉— 练习 —

你在回避哪些焦虑症状

在公共场合，你想要回避的是什么？如果能够确定自己在回避什么，就可以对其采取适当的干预措施。例如，如果你想逃避的是一种恐惧感，那么就需要针对这种感觉练习正念和接纳。如果你想回避的是消极想法，则可能需要更多的认知重构或觉察自己想法的方法。

在下面这些焦虑症状中，哪些是你想要回避的？在下方空白处写出 5 ~ 10 种你想在公共场合回避的焦虑症状，也可以自行添加其他症状。

- 心跳加速
- 胸口紧绷

- 出汗
- 视线模糊

- 胃里打结
- 思绪翻腾

- 感觉燥热
- 自暴自弃的想法
- 昏倒

- 头晕
- 觉得不自在
- 觉得别人在评判自己

- 恐惧
- 惊恐发作
- 感觉尴尬

....
....
....
....

练习

你错过了什么

暂时的逃避可能会让你感觉很好，但是我们都知道，这样做会付出代价。这些代价往往正是你在摆脱焦虑之后，会珍视、享受、想要体验或拥有的东西。请在下方空白处写下在公共领域中，你为回避行为付出的代价。

....
....

与服务人员的事务性互动

与便利店店员、银行柜员或网络安装工人交谈也可以很愉快。你的头脑也许自动把这些互动想象成无尽的噩梦了，但尽力想想别的可能！现在，让我们来打破这些情境，以便让你更自信地应对它们。

下面讨论的是与便利店、银行及其他实体店的员工或收银员的闲聊。这些人的工作就是和你说话，所以互动一定会产生。请记住，你已经明确了触发焦虑的因素和自己的回避行为，因此，你可以好好计划如何去直面不适感，而不是落荒而逃。练习得越多，你的头脑就越能意识到焦虑是暂时的，你很安全，并没有什么危险会永远纠缠着你。所以，你大可以冒个险，挑战一下觉得自己做不到的想法，努力进行一些简短的交谈，同时保持微笑和眼神接触。

如果有人来你家修理或安装东西，可能会是一个更困难的情境。让我们假设这个人至少要在你家待上 20 ~ 30 分钟。还记得讨厌闲聊的克莉丝吗？这类情况会让她特别焦虑，因为她不知道这个事件什么时候才能结束，不知道自己该说些什么，也没办法离开家逃走。克莉丝有两个选择：保持友善，或保持沉默。保持友善可能会带来一些风险，比如让她说出一些傻话、陷入尴尬的交谈和恐慌。但是，保持沉默会让她在未来同样的情境下持续感到焦虑，不仅在当时依旧感到尴尬和恐慌，还会为没有和对方进行更多互动而感到内疚。

针对这种情境可以使用的一个正念方法是，将关注的重点放在过程而不是结果上。也就是说，不必担心哪里会出问题——你不是算命先生，不可能预测到未来会发生什么。相反，你应当专注于面前的人，关注他们对你说了什么，你想怎么回应。请记住，在和修理工闲聊时，有一个现成的主题可以谈论——那个人要安装或维修的东西！你可以向他提问自己不明白的地方，从对方的回答中获取更多信息。如果你的焦虑情绪达到了峰值，只把这些消极想法当成一种想法，把身体的不适感当成一种感觉，然后继续互动。请注意，作为社交焦虑者，即使交流进行得很好，你也很容易产生消极的自我评价。因此，你不能让自己陷入消极的思考之中，因为它们很可能根本不正确。

○—练习—

测试焦虑的信念

焦虑的头脑总是觉得大事不好,所以我们会迅速对一些情境做出回避反应,以免遇到不良后果。这项练习的目的就是把你的焦虑拿出来测试,看看你的焦虑头脑做出的那些假设的真实性。阅读以下列表,并在下方空白处中添加你自己的假设。请记住列表中的这些假设,并在下次见到上门的客服人员或维修人员后,回过头来检验假设:这些假设在现实中是否成真了? 在右栏中打勾(是)或打叉(否)。

事件	是 / 否
1. 我会因焦虑而发疯。	
2. 我无法处理自己的焦虑。	
3. 我的焦虑将永远持续下去。	
4. 如果不快点接受医疗救治,我会突发心脏病死亡。	
5. 店员会用奇怪的眼神看我。	
6. 店员会因为我的无聊或愚蠢而评判我。	
7. 如果我开玩笑,店员是不会笑的。	

（续表）

事件	是/否
8. 如果我问店员一个问题，店员会无视我。	
9. 和接网线的工人对话会非常尴尬，我只能离开。	
10. 维修工会嘲笑我，让我觉得自己很蠢。	
11. 如果要我讲故事，我会结结巴巴，看起来像个白痴。	
12. 如果我讲故事，对方不会理我，因为我很无聊。	
13.	
14.	
15.	

─── 练习 ───

三个正念盒子

这是一项很好的正念练习，可以帮助你从新的角度看待焦虑，并用接纳的态度不加评判地对待它。找一个舒适的姿势坐下，闭上眼睛。请想象有三个盒子。第一个盒子上写着"想法"，第二个盒子上写着"情绪"，第三个盒子上写着"身体感觉"。设置一个计时器，在接下来的三分钟，只关注自己的体验。当有东西进入你的意识时，看看它是一种想法、一种情绪还是一种身体感觉，将它放在相应的盒子里。不必评判它们，也不要试图解决或纠结于它们，只要原样将它们放在盒子中即可。

三分钟结束后，回答以下问题：

你现在的感受如何？

....

....

....

....

....

....

....

你之前注意到自己纠结于某种想法、情绪或身体感觉了吗?

....

....

....

....

....

....

如果继续观察留意自己的想法、情绪和身体感觉,而无须改变它们,

会怎么样?如果你这样做了,还会出现什么其他可能?

....

....

....

....

....

....

....

电影之夜

想到要去看电影（或看话剧、听音乐会、观看体育比赛等）时，让你感到焦虑的是什么？是需要做出决定或计划，还是要进入公共场合，或者是要和别人说话？这些问题都可以通过暴露练习直接解决。

当你打算与朋友或心上人一起去看电影时，如果已经对要看哪部电影或去哪里看心中有数了，做决定就会变得更容易。提前搜索一下附近有什么餐馆或酒吧，或者看完电影后有没有地方可以一起吃个冰激凌。如果对方说"随便什么都可以"或"你决定吧"，你要表现出做决定的信心和意愿。如果对方想要更改计划，请尽可能保持灵活性，但不要接受别人在没有正当理由的情况下把你扔下或者把你的想法全盘推翻。

见面时，你可以准备一些聊天的话题，比如最近过得怎么样、工作如何、要看的电影或其他电影、天气、你近来在做的好玩或有趣的事情等。你可以在此时进行正念练习：深呼吸，觉察自己的焦虑，而不是纠结于其中、为其所困，然后将注意力放在面前的人身上。随口问问要不要买爆米花或小吃。并没有什么标准流程，你只要保持礼貌，做你想做的就好。尽量不要陷入"应该"做什么的想法，也不要去纠结如果你买了巧克力而不是甘草糖的话，其他人会怎么看你。电影可以让你在另一个世界里度过有趣的两个小时。尽情享受这个远离焦虑的假期吧！

当你和同伴讨论电影时，要尝试给出自己的观点。当然，表达自己会使你感到有些脆弱，不过这是一个与他人加强联结、建立关系的好方法。它还可以帮助你变得自信，意识到自己的意见很重要，当人们深入了解你之后，并不会自动拒绝你。

上述方法也适用于电影以外的其他出行活动，如音乐会、话剧、体育比赛等，但是对社交焦虑者来说，看电影是最好的，因为看电影的时候不用聊天，所以压力也小得多。无论你要和别人一起看什么，进入公共场所都是一次很好的机会，让你可以练习正念，专注于当下的体验，与他人进行交谈，保持开放，接纳自己的脆弱感。

如果你要在自己家或者其他人的家里过电影之夜，这会是一种更亲密的活动，所以你的焦虑感可能会加重。如果活动场所是你的家，请记住本书第 3 章"邀请朋友来家里"一节的提示。如果你要去别人家，请保持尊重，主动帮忙，做好自己就行了。这将让你和主人都更轻松。

练习

当一天影评人

希望在读完"电影之夜"一节的内容后，你能有机会走出门，与别人一起看一部电影。这项练习的挑战在于，通过启动自己的创造力，向和你一起看电影的人袒露自己的脆弱，使焦虑感增强。不要让对话流于表面，试试看深入内心，与人建立更深层次的联结。阅读以下问题及讨论要点，在与别人一起看完电影后，和对方讨论这些内容。

- 讲讲你对电影的见解。

- 电影中有没有某些内容让你回忆起了过去的记忆或者当前的事件？

- 电影的主题或想传达的信息是什么？

- 主要角色的动机各是什么，彼此之间有联系吗？

● 看电影的过程有没有激起你的一些情绪，比如恐惧、同情、悲伤、激动、快乐？

● 电影还让你思考、感受或体验到了什么？

练习 —

控制自己的注意力

这项练习的目的是强化你控制关注点的能力。请你坐在舒适的椅子上，设置一个两分钟的计时器。在进行练习之前，阅读以下说明。

首先，想象一颗星星，就像是你平时画的，或是圣诞树顶上的那种星星。请你认真地想象它，将它可视化。接下来，想象一个车轮，也许是一辆老式马车的车轮，有几根辐条从轮子中心发散出来。将这些想象出来的图像留在脑海中。最后，想象一朵粉红色的玫瑰。想象一下这朵玫瑰的形状、颜色和质地。大约用30秒想象每一样东西。如有需要，可以循环两次。

在完成全部操作后，询问自己：你注意到了自己是如何依次想象出每一样东西，一次只想一个的吗？焦虑会让你觉得自己的想法跑得飞快，无法控制。但有可能并不全是这样。正如你刚才体验到的，你可以把注意力的焦点从星星转移到轮子再转移到玫瑰花，然后又重来一遍，所以你也许的确对自己的注意力有着某种程度的控制力。以后，当你发现自己的想法固定在某个焦虑的念头上无法移动了，就可以想想这个概念，或者重做这项练习。

练习

向下箭头

这项练习的目的是探究你头脑中一些表层的焦虑想法背后真正发生了什么。我希望你使用所谓的"向下箭头"技术，尝试找出自己的核心信念和恐惧。对于社交焦虑者来说，一些典型的核心信念或恐惧包括"我不够好""我不可爱""我会被拒绝""我会很孤独"。

请按照下面的示例查看如何拨开层层想法，找到核心信念和核心恐惧，然后自行尝试。首先，你可以选择一个最近一直很纠结的痛苦想法，然后问自己："如果那是真的，意味着什么／会发生什么？"不断重复这个问题："然后呢？"直到你最终抵达自己的核心信念或恐惧。识

别核心信念和恐惧的目的，是了解你真正在对抗的是什么，这样，你

才能够通过同情、暴露以及家人朋友或治疗师的支持更有效地解决它。

示例：

最初的想法："我可能会说些愚蠢的话。"

⬇

那意味着什么？ 我很愚蠢。

⬇

那意味着什么？ 我没有价值。

⬇

核心信念：我没有价值。

最初的想法："我可能会说些愚蠢的话。"

⬇

然后会发生什么？有人会认为我很愚蠢。

⬇

然后会发生什么？那个人会拒绝我。

↓

然后会发生什么？其他人也会拒绝我。

↓

核心信念：每个人都会拒绝我，最终我将独自一人。

现在，轮到你了：

最初的想法：

....

那意味着什么？/然后会发生什么？

....

那意味着什么？/然后会发生什么？

....

那意味着什么？/然后会发生什么？

....

那意味着什么？/然后会发生什么？

....

核心信念：

....

外出就餐

外出就餐是另一种可以用来攻克社交焦虑的公共活动。让我们再来说说克莉丝吧。克莉丝和朋友在一起时不怎么焦虑，但她仍然害怕去公共场合。出于种种原因，餐馆总是让克莉丝很尴尬，因为她不喜欢在别人面前吃饭，担心点"错"菜（可能价格不合适、口味不好或不够"酷"），还害怕与服务员聊天。克莉丝十分讨厌服务员开玩笑或者对自己说些轻浮的话，也从来不敢针对菜单提出任何问题。更糟糕的是，如果订单出了问题、菜上得很慢或服务员迟迟不拿账单过来，她很害怕自己必须出面解决。

餐厅应该是放松身心、与朋友度过好时光、尝试新美食或享受经典菜的地方。但是，如果你的头脑一直在唠叨那些可能会变糟的事情，你就只会专注于消极的想法，而错过美好的体验。所以说，克莉丝究竟是怎样产生了这么一种想法，觉得所有事情都有一个"正确"的标准，从点菜到吃饭的方式？当然，我们确实有一些社会规范，但并非每次外出就餐都必须像在白金汉宫和女王一起进餐那样正式。在外出用餐时，你可以使用认知重构工具来挑战消极假设，专注于在这类情境下所能享受到的快乐。想想你的核心价值，这样能降低焦虑，树立信心。你是一个过着真实生活的人，所以没必要担心尴尬或失误。就算你真的把酒弄洒了、打了个嗝，或吃面包的时候蘸了太多橄榄油，又怎么样呢？

在向服务员提出一些特殊要求时，克莉丝感觉还好，但如果是对方上错了菜，她就会彻底僵住，不知所措。她担心和服务员说菜上错了会显得自己很粗鲁无礼。与之前的练习一样，让我们再快速地做一下认知重构，向这些假设发起挑战。克莉丝只是想礼貌地告知服务员，上的菜和她当时点的不一样，这哪里无礼了呢？答案是，这并不无礼。此处使用的方法是挑战那些认为自己做错了或看起来很尴尬的消极想法，控制自己的行为。

这是一个值得强调的重要技巧。我们完全可以无视自己的想法和感受，控制自己的行为，但是，在那些极端焦虑的时刻，想要做到这一点需要练习和强烈的改变意愿。此时此刻，克莉丝必须做正确的事情，即保持坚定，而不是逃向不那么吓人的选项。相同的原理也适用于其他各种情境，包括给客服人员打电话或在商店里找店员帮忙。

用餐后，请大声叫人来结账。这并不粗鲁，你不必只是被动地干等着。记住，如果一味回避挑战，你会觉得外出用餐越来越难，越来越焦虑。请把整件事想清楚，按照计划行事，不要让消极的假设或不适感控制你的行为。

练习一

焦虑到底

这又是一个绝好的暴露练习，可以让你亲身体验到自己的能力其实比你焦虑的头脑所想象的要强得多。在这项练习中，你要试着让自己越焦虑越好。我知道这听起来是一个极其糟糕和可怕的想法。但是，你可能也已经发现了，真正直面焦虑时，你的恐惧感实际上会减轻很多。我的建议是，为了更有效地进行练习，可以叫上信任的朋友一起去。他们并不一定要与你一起做那些事，叫上他们只是为了给你提供一些必要的精神支持。

按照本节的主题，我们就在餐馆里进行这项练习吧。练习的内容很简单：去一家餐馆，让你"最担心"的一些或全部事情都成为现实。请提前给和你一起去吃饭的朋友提个醒，这样他们就知道你在干什么了，也可以在你面对这些恐惧时提供支持。请记住，暴露的重点是逐渐认识到自己完全能够安然度过引发焦虑的情境，甚至可以享受这一过程。

以下是你可以尝试的一些行为：

- 穿看起来很奇怪的衣服去餐厅。

- 坐下时从椅子上摔下来。

- 坐下后，问服务员几个有关菜单细节的问题。

- 把水或饮料弄洒。

- 点几个菜，然后在一分钟后举起手臂向服务员打招呼，说你想换个菜。

- 弄得满桌子都是食物。

- 大声讲一个尴尬的故事。

请你在下方空白处记录练习过程、体验以及你的焦虑程度。如果觉得这项练习对你来说太难了，也可以在空白处记录你对进行这项练习的想法、你最担心的事情，以及 100 万美元的报酬能不能让你接受这项练习。（最后一点是为了提醒你：这件事并不像第一眼看上去的那么不可能做到。）

....

....

....

....

....

....

....

....

....

....

....

....

....

◎ 练习 ──

你的快乐之地

　　我们所有人都需要时不时地从焦虑中脱身出来喘口气。请在下方空白处描述一个让你觉得快乐的地方。然后，当你需要从自己的焦虑中脱身出来放松一下时，就可以想想这个快乐的地方，在脑海中把它实体化。这项练习的关键是做出详细而有意义的描述，可以描述自己去过的真实地点，也可以构建一个能够让你感到放松和平静的虚拟的地方，比如一些和大自然有关的场景，包括草地、海滩、河流或湖泊附近的某个景点。关键是要通过你的描述使这个地方栩栩如生，这样，你才能在需要时通过想象它来唤起平和的感觉。

....

....

....

....

....

练习 一

你被头脑困住了吗

焦虑带来的诅咒之一就是它会浪费很多时间。焦虑者可能会把无尽的时间花费在担心上，最终错过想要体验的生活。

请你用左侧的圆圈制作一张饼图，其中包含两个部分：一个部分表示你花在焦虑上的时间比例，另一个部分表示你关注生活中实际发生的事情的时间比例。

在右侧的圆圈中制作同样的饼图，只是这一次要画出你所希望的理想情况。你想花多少时间困在自己的头脑里钻牛角尖，又想把多少时间用于实际发生的事情？

请在圆圈下方的横线上写下一个提示词，这个提示词会提醒你跳出头脑，进入当下。你可以写一个词或一个短语，例如"当下""保持正念""回来""我在哪里"，也可以想出你自己的专属提示词。

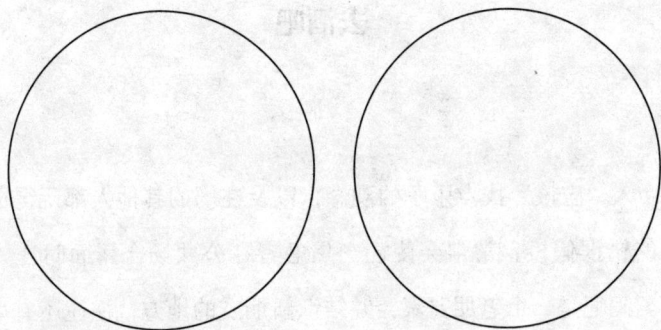

去酒吧

人"应该"找点乐子的观念，以及在场的其他人都玩得很开心的错误假设，常常会使社交焦虑者在公共场合露面时压力更大。酒吧是一个老朋友聚会并结识新朋友的地方，往往还有可能遇到心仪的异性。一起喝酒是社交的润滑剂，酒吧里的音乐可以很好地转移注意力，酒吧的环境和氛围也让它成为你离家几小时见见新朋旧友，或与心仪对象约会的理想场所。

在本章中，一个永恒不变的主题是如何在公开场合做自己，这当然也适用于酒吧。是的，酒吧里可能充斥着醉汉或者想要四处勾搭的人，而且如果你不那样做，就会觉得自己与环境格格不入。但是又有谁在乎呢？你没有必要变成那些人，甚至不必与他们有任何交流。如果你喜欢他们，或者他们吸引了你，那再好不过！如果不是这样，那么你的目标就是以真实的方式做自己，或者换一个让你感觉舒适的酒吧。这意味着你要反思自己的价值观，想一想自己到底想要结识什么样的人，愿意和哪类人交谈，并在人们不尊重你时坚持你本来的需求。

我们再回头说说克莉丝。克莉丝讨厌和同事一起去酒吧。她觉得人们会对她评头论足，而且她也没什么有趣的话要说。克莉丝应该盘点一下酒吧里令她焦虑的事情，这会有所帮助，因为只有这样她才知道自己该做怎样的准备。如果克莉丝的焦虑本质上是生理性的，还可以使用关于接纳的比喻。

例如，她可以将自己的焦虑情绪想象成蚊子。蚊子很烦人，有时候还会咬你。但是，如果想要体验世界上很多美丽的地方，比如热带地区、丛林、森林、湖泊等，你恐怕不得不被咬上一两口。同样，如果你把所有的精力和注意力都用在了消灭每一只讨厌的蚊子上，就会错过所有那些美好的体验。就像这个比喻一样，如果你在酒吧或其他公共场所全神贯注于自己的焦虑，就会错过与朋友的交谈、欢笑和其他有意义的时刻。

如果克莉丝的焦虑是认知层面的，有一堆消极的想法，可以练习放下这些想法（参考第 4 章的"溪水中的树叶"练习），或与这些想法保持一段距离。比如，她可以在头脑中用滑稽的语调说出这些想法，或者用一首自己喜欢的曲调把想法唱出来。这些方法可以帮助我们清楚地认识到自己的想法是什么：它们只是一堆并不会伤害我们的词语罢了。

克莉丝也应当努力改变自己的行为——也就是说，她必须让自己尝试冒险，而不是条件反射地转身逃离焦虑的根源。也许你会在酒吧或其他不舒服的社交场合玩手机，埋头吃吃喝喝，或者假装去卫生间，以此让自己轻松一点，这是很自然的。你也可能因为想快点离开而不断地看时间，或者在别人和你攀谈时一直沉默地点头。但是，这些行为的问题在于它们强化了一种很可能是错误的想法：你不能表达自己，这样做很"危险"。而事实恰恰相反，你的目标应该是充分而正念地参与酒吧的体验，无论是玩游戏、与人交谈还是跳舞。只有不断尝试，你才能知道自己的哪些行为收效良好，哪些行为还可以改进。

此外，追求心上人或者被人追求，对于社交焦虑者来说往往是最为难的。这种情况会让人感觉极度脆弱，你会强烈地害怕遭到拒绝或者把事情变得很尴尬。所以，首先要做的就是放过自己。不是只有你一个人这么想。当然，我承认世界上也有一些人可以轻轻松松地和喜欢的人约会。他们很厉害，但你并不是他们，也没必要变成他们。

好消息是，没必要让别人知道你对此有多焦虑。而且，如果多尝试几次，你可能会发现经过不断的暴露，那些你害怕的事情渐渐变得容易了，你的焦虑也会减轻。你甚至可能会和别人聊得不亦乐乎，认识一些很不错的人，享受和某人跳舞或交谈。

如果你在酒吧里直面引发焦虑的情境，而不是选择回避，你将得到许多有关自己和自己的焦虑的重要领悟：

- 焦虑不会杀死你！
- 有些事虽然令你焦虑，但你完全可以做到。
- 与朋友或陌生人在一起时，你可能会感到脆弱，但这是一种有益的经历。
- 少量饮酒可以使社交变得轻松有趣，降低焦虑——但是不要喝太多，不要通过酒精麻痹自己来逃避焦虑。
- 也许你能找到某个人建立联结。
- 也许你会很喜欢或很擅长酒吧游戏，比如台球、飞镖、桌上足球、问答游戏等。
- 也许你会很喜欢或很擅长唱卡拉 OK 或者跳舞。

公共场所的闲聊

本章要介绍的最后一个情境是闲聊。如果你有社交焦虑，那么你的第一反应可能是：我为什么要闲聊？这么做可能会让你冒一些风险，担心自己不会说话，但是练习得越多，你就会变得越有信心，焦虑也会越少。而且，有时候可能你正一个人好好待着，突然就有人跟你搭讪——你是想被吓得僵住、把他们赶走，还是想能够好好聊一聊呢？

与人聊天不仅可以让你了解他人、分享经历、打发时间，还有可能让你从别人那里学到一些有价值的东西。例如，如果你在旅行，可以和当地的出租车司机聊天，在去往目的地的飞机上和乘客聊天，或者在酒店大堂里和租车时聊天，都可以得知一些很有用的信息。

练习的重点是要挑战自己的想法。你可能会认为，如果与陌生人交谈，可能会发生不好的事情，或者你会看起来很奇怪。其实，在此处没有任何标准或要求，你和对方都可以随时结束对话。另外也请记住，许多人都会觉得这件事有些困难，至少也是有些尴尬。你不是一个人，所以请放松，对自己宽容一些。

在任何情境下，无论是在候诊室、在排队还是坐飞机，你的目标都是尽量避免被焦虑击败。让我们回顾一下你能控制的东西——你的行为，包括说话、积极倾听、微笑、目光交流、放下手机等。现在再看看你无法控制的东西——生理上的焦虑感；消极的、分散注意力的、转个不停的想法；开始交谈时的恐惧。请你练习控制那些自己能控制的东西：正念，接纳，保持耐心；并且任由那些你在闲聊时无法控制的感觉存在身体里。

如前所述，这些被迫发生的对话可能并不有趣，也不令人愉快，但也许我们可以将其视为成长的机会。请记住，在一种情境下练习的技能通常也可以让你在其他情境下获得成功。

你要记住的另一种方法是控制预期。你和陌生人的这次聊天不需要是有史以来最棒的对话。你的目的只是与另一个人建立联系，打发时间。在这种情况下，焦虑本身并不一定是闲聊的问题或障碍。你必须弄清楚对自己来说最重要的事情：是尝试控制焦虑，还是建立自信、和他人产生联结？

练习

选择你最喜欢的比喻

比喻可以改变你对困难情境的接纳和解决意愿。请阅读下面的比喻，圈出最能引起你共鸣的那一个。下次遇到困难的社交情境时，你就可以想想这个比喻。

● 想法和情绪就像天气。根据天气（晴、雨、雪）的不同，有时候进行某些活动比较容易，有些日子则比较困难，但你总是可以选择自己要做什么。你不必与天气（或焦虑）抗争，但你可以选择不同的应对方式。

● 与焦虑作斗争就像是试图在水下抓住沙滩球。你将所有注意力和精力都花在了控制自己根本无法做到的事情上。其实，你只要留意到球（或焦虑）的存在，然后随它去就行了。这可以释放你的精力，让你把能量投入到真正关心的事物上。

● 试图摆脱消极或焦虑的想法，就像是掉进了一个坑里，手中只有一把铲子。你想出去，于是不停地挖，但你越是努力地挖，坑就越深，你就被困得越死。相反，你需要做的是停下来，在坑里待上一会儿，直到找到更有效的解决方案（比如本书中介绍的其他方法）。你可能会发现这个坑实际上并不那么危险，你也不是必须立即离开。

● 通过暴露练习来尝试新的行为就像在炎热的天气里跳进冷水池。刚开始你会感觉很冷（很困难），但你越是投入进去（练习），就越适应这个温度，最终完全忘记第一次进来时的不适感。为了享受游泳的乐趣，你必须愿意克服最初的寒冷。

练习

"嗨，最近怎么样？"

浏览下面的场景列表，在这些地方你都可以对一个陌生人说："嗨，最近怎么样？"对场景进行 1-10 的打分，其中 1 代表最容易处理的情况，10 代表最困难的情况。然后，请从列表中选择三个场景，在这三个场景中对陌生人说："嗨，最近怎么样？"反复练习，降低焦虑感——记住：要暴露！

场景	困难程度 （1-10）
在候车室里坐着	
排队买东西	
在公共汽车或地铁上	
在公交车站或地铁站等车	
与陌生人拼车	
飞机上	
在咖啡店里排队	
等电梯或坐电梯	
在人行道上等红绿灯	
在酒吧里等着点饮料	

小　结

● 诚实地看看是什么让你担心去公共场所或与陌生人交谈。

● 与很可能用积极友好的方式回应你的人闲聊，以此挑战你的焦虑。

● 制订游戏计划，与朋友一起去餐馆、酒吧或电影院。确认哪些情
  境会令你焦虑，并通过暴露在这些情境中，挑战你认为自己无法
  应对这些焦虑的信念。

● 在各种情境下练习与人闲聊，锻炼自己的技能，降低焦虑。

第 6 章

未来的生活

长期展望

首先，感谢你选择本书。我为你读完了这本书而感到自豪，因为直面恐惧并非易事，它需要大量时间和决心。你可能已经意识到了，你的焦虑并没有完全消失，不过这是正常的，我们在一生中总是需要应对不同程度的焦虑。本书的目的是帮助你更好地应对，而不是完全消除焦虑。焦虑是与生俱来的，我们可能无法改变，但是要想获得更充实的人生，也没必要完全消除焦虑。

我们最关心和最想要的事情往往都会带来强烈的焦虑，这本身不是问题。焦虑并不危险；它只是一种暂时的感觉，你能挺过去的。当我们十分关心某件事时，会担心无法得偿所愿，这也很正常。与其花费能量和精力来对抗这种感受，还不如看看你能否像冲浪一样驾驭焦虑。保持正念，参与到即将发生的一切中，专注于那个情境下你所在意的事物，而不是仅仅纠结于头脑带给你的种种担心。

但愿你已经开始在最初令你感到困难的情境下练习本书中的一些策略了。也许是每天的正念练习，帮助你保持在场，保持参与，不被想法或焦虑所困。又或者，你已经在一些工作中的困难情境下练习了暴露，并且注意到它们在实践中开始变得越来越容易，对自己也有了信心。但愿你能找到一些挑战非理性想法的有效方式，将那些曾经把你击垮的无用的消极想法彻底放下。

无论怎样，我都建议你反复尝试本书中的各种方法，在各种情境下练习，积累足够的经验，弄清楚哪些对你最有用。所谓的"有用"，并不是指可以完全消除焦虑，而是说它或许可以帮助你朝着自己人生中最珍贵的事物迈出积极的一步。当你感到不适和压力时，请牢记要以保持灵活性和用价值观驱动行为为目标。

就像锻炼身体要保持规律一样，尽管焦虑只是偶尔出现，但坚持本书中的练习对维持有意义的生活至关重要。你在轻松的情境下练习的次数越多，这些方法就越有可能在更困难的情境下成为你的自然反应。就像锻炼肌肉一样，随着练习，你的信心会不断增强。你会慢慢发现自己可以应对得越来越好。

⊙ **练习 —**

进度评估

请回答以下问题。大部分问题可能需要你翻到前面的章节对练习进行回顾才能作答。

1. 在进行本书练习的最近一个月中，你一共参与了多少次社交活动？

···

2. 你在第 078 页的"你有哪些回避行为"中标记为"经常"或"总是"的行为中，现在依然经常或总是出现的有几项？

···

3. 查看第 129 页的"工作中的哪些事件让你感到焦虑"清单，你现在依然会打 7 分或更高的有几项？

···

4. 在第 132 页的"你如何回避工作中的焦虑"列表中的回避行为中，你仍然"总是"采取的有几项？

....

5. 在第 175 页的"在公共场所什么使你焦虑不安"列表中，还有多
少项会引发你的焦虑？

....

查看你的答案。希望第一个问题的答案比你刚开始时的回答更
多，而问题 2 到问题 5 的答案则变少了。

针对你的焦虑提出挑战

你的焦虑是不太可能一下子全部消失的。可以用之前的练习进行评估：有什么场景是依然让你感到焦虑的？你在哪些方面进步最显著？哪些方法对你来说最有帮助？你现在还在采取哪些回避行为？你的焦虑还在让你付出什么样的代价？

为了在未来继续缓解焦虑，了解触发焦虑的因素是一个好方法。通过这种方式，你可以预期焦虑会在何时以及怎样出现，这样就可以准备好应对方法，而不是陷入困境或选择逃避。

练习

你的预期计划

在这项练习中，请回顾你在前一项练习"进度评估"中的回答。留意哪些情境仍然让你感到焦虑，哪些情境是你应对得最成功的。

应对最成功的情境：...

....

最感到焦虑的情境：...

....

触发焦虑的因素：...

....

　　如果某些情境的应对变得更轻松了，是哪些练习让它们变得更轻

松的？

有用的方法：...

....

无用的方法：...

....

　　如果某些社交情境对你来说仍然很困难，是因为缺乏练习吗？还

是因为你不愿意停止回避？或者是到目前为止你尝试过的方法都没有

用？也许三者都有？

让我们来看看在第 3 章认识的朋友托马斯写下的示例：

应对最成功的情境：与朋友一起制订出行计划，郊游，聚会，

做东

最感到焦虑的情境：约会

触发焦虑的因素：尴尬的停顿，我想约的女人，说让我觉得脆

弱的话

有用的方法：正念，放下消极的想法，主动走上前和人们打

招呼

无用的方法：回避约会，在有心仪的女人的聚会上喝太多酒

托马斯要根据自己的回答为未来制订计划。通过练习和决心，托
马斯在许多情况下出色地直面并克服了自己的焦虑。接下来，他应该

在那些成功应对了的情境中继续保持，这样才能持续进步。对于托马斯觉得最棘手的约会，他或许可以找一位朋友、亲人或心理咨询师帮忙，看看自己如何才能在这个领域取得进展。如果是需要做更多练习，他可以重读本书中有关约会的部分，练习其中的方法，并接纳自己在该领域的进展较为缓慢这一事实。还有许多交友网站和有关约会中的社交焦虑的书籍和文章，都会有所帮助。托马斯应该继续尝试线上和线下的约会，而不是彻底放弃。在这个过程中，他很可能需要练习保持正念和耐心，对认为自己不够好或"没人喜欢"的消极信念提出质疑，并努力运用学到的对话技巧来建立约会的自信。

现在，请根据你在上文中对成功情境、触发焦虑的因素和有关方法写出的答案，创建自己的计划。

....

....

....

....

....

找到适合自己的东西

我希望，至少本书中的某些章节和练习能对你克服社交焦虑的过程有所帮助。克服焦虑的关键是提高对焦虑根源的意识，而不是在焦虑发作之前回避或逃跑。如果你愿意解决困难，便可以获得在短期和长期内降低焦虑的最佳方法。有些人在焦虑时会出现比较严重的生理症状，需要更多关于正念和接纳的心理干预。另一些人则是被持续涌出的消极想法所困扰，需要练习对想法提出质疑，或仅仅承认它们的存在，把它们放下。

请记住，控制行为的是你自己，不是你的想法和感受。如果你在回避行为清单中得分很高，就需要重点关注自己的行为，先在相对而言更舒适的情境下练习，然后督促自己扩展社交生活。一定要抓住每一次可以练习的机会，一次成功会带来更多的成功。如果你能在排队结账时和人聊天，也会觉得在朋友家烧烤的时候更容易和人交谈了；如果你能轻松地和朋友一起去餐馆用餐，也就可以更轻松地去约会；喊服务员结账也可以帮助你树立信心。我们有这么多练习方法，你一定会成功的。

⊙— 练习 —

设定目标和步骤

现在，我们该回头重新看看你的价值观了。你想开始或继续改善社交生活的哪些领域？家庭、朋友、合作伙伴、老板、约会、邻里关系、公共场所、娱乐和团体活动？请花一些时间为自己设定目标，这些目标将帮助你持续取得进步。从价值观开始，思考你的长期目标，再把这些长期目标细分为可衡量、可实现、可以在下个月完成的短期目标。

价值观：..

长期目标：...

....

....

....

短期目标：...

....

....

....

价值观：..

长期目标：..

....

....

....

短期目标：..

....

....

....

　　让我们看看第 5 章的克莉丝是怎么写的。

价值观：*友谊*

....

长期目标：*增加朋友数量；加深友谊；与朋友一起参与社交场*

....

合时更加舒适。

....

....

....

短期目标：接受朋友、熟人、同事约我去酒吧或餐厅的邀请；

同一些与我有联系并且我喜欢的人制订出行计划；在餐厅时要

练习正念，身心在场，积极参与；挑战自己焦虑的头脑认为事

情一定会变糟糕的假设。

价值观：关系

长期目标：加深与大夫的关系；和他一起去公共场合或新的地

方时觉得很舒适。

短期目标：每周与大夫去一个新的地方（餐厅、电影院、保龄

球馆等）；只是觉察消极想法，不纠结于它们（每周练习两

次"溪水中的树叶"）；挑战自己，每周对大夫表达一次

脆弱。

抑郁及其他并发的心理问题

　　社交焦虑可能只是你面临的诸多心理健康问题之一。许多社交焦虑者也会同时感到孤独和沮丧，这很常见。人们通常想知道到底是抑郁症导致了焦虑症还是焦虑症导致了抑郁症。简而言之，这取决于具体情况，但总的来说，本书中讨论的干预措施对这两种问题都有效果。如果你情绪低落，发现自己经常退缩，没有在社交生活中投入精力，那么就可能会感觉更糟。最好的方法是尝试弄清楚，有什么事情是尽管你的感觉不太好也愿意去做的。

　　同样，允许一些痛苦的情绪存在而不让自己被情绪消耗（正念和接纳），将有助于提高你在生活中的灵

活性。正如可以放下引发焦虑的消极想法一样，同样
的方法也可以用来挑战和放下自我批评的、抑郁的消
极想法。要记住，并不是只有你一个人会感到沮丧，
如果尝试练习本书中介绍的方法，你的情绪很可能会
有所缓解。

除了社交焦虑之外，你可能还会在其他情况下或在
其他事情上感到焦虑。也许你不敢离开家门，担心自己
会惊恐发作，或害怕密闭的空间。又或者，你需要不断
地与一些侵入性的想法搏斗，它们显得真实而顽固，你
的所有精力都用在对付它们上了。如果上述问题中的任
何一个严重影响了你的生活，我强烈建议你寻求专业心
理咨询。

除了引发其他焦虑之外，社交焦虑可能引起的另一个大问题是药物滥用。研究人员正在研究社交焦虑与大麻使用、酗酒之间的关系。假设是，社交焦虑者会在不同类型的情境下使用药物来避免焦虑。当然，并不是说仅仅因为你患有社交焦虑症，就一定有药物滥用问题。但是，如果问题真的存在，我鼓励你诚实坦率地了解药物滥用对你的影响，看看它是否真的对回避焦虑有所帮助，就像对待其他回避行为一样。如果你使用药物的数量或频率过高，我希望你可以做出一些改变并寻求专业支持。

预防复发

现在，让我们总结一下。我希望在读到这里时，你已经能了解自己焦虑的根源、触发因素、对你而言最困难的症状，以及在焦虑出现前和出现时可以采用的缓解手段。克服社交焦虑需要终生的努力，但你不必等上一辈子才能看到结果。越早开始实践这些方法，越早选择积极、开放、自愿的生活方式，而不是逃跑、回避和尝试控制，你就能越早开始看到自己社交生活的改善。

预防复发是指一些用于应对未来艰难时刻的预测和计划，因为生活就是会不断带来各种各样的挑战。问题是，你要如何回应呢？既然你的灵活性增加了，也更愿意参与有意义的社交活动了，就代表你已经取得了进步，那么我希望你能继续保持这样的状态。

有的时候，情况可能会变糟。比如说，你可能会丢掉工作，与恋人分手，或者与朋友产生矛盾、友谊彻底结束等。其中任何一种都可能引发诸如"有什么意义呢？""我做不到""我一个人可以过得更好"之类的想法。

这些想法都是错误的！请记住，你的想法在试图保护你，用它唯一知道的方式让你觉得安全——回避感知到的威胁，远远逃走。但是，就像你已经开始认识到的，社交互动并不危险，也无须逃避。相反，你必须深入挖掘，鼓起勇气让自己在场，追求你应有的生活。社交互动所带来的意义、充实感和喜悦感将会带来足够的回报，促使你继续前进。

如果你发现自己开始孤立、退缩了，或者社交焦虑有所增加，首先要找出导致焦虑的问题。然后停下来，深呼吸，给自己一些宽容，因为你又要经历挑战了。下一步是重新阅读本书，在书中寻找可以帮你应对这个困难的方法、练习和技巧。请下定决心坚持到底，并给自己一些时间回归正轨。罗马不是一天建成的，耐心才是关键。而且，"复发"并不意味着你后退了一步，也不意味着你没有学到任何东西。其实它是一个反思、重新学习和练习直面恐惧的好机会，无论这些恐惧是真实存在于世界上，还是只在你的脑海中。

◉─ 练习 ─

找出保护因素

这项练习的目的是找出各种保护因素，帮助你在克服焦虑的过程中保持正轨。请阅读以下问题，并根据提示列出你在各个领域中的私人清单。

- 当焦虑开始拖累你时，哪些方法对你有所帮助？比如重读本书的各个章节、挑战消极信念、练习正念、鼓励自己走出去并建立更多联结等。

- 你可以依靠哪些应对技巧来使自己感觉好些或保持冷静？比如散步、洗澡、看喜剧、听音乐、与宠物玩等。

- 你拥有哪些外部支持？比如朋友、家人、伴侣、社会团体、运动队、同事等。

- 你可以依靠的自身优势有哪些？比如正直、诚实、勇气、幽默、体贴等。

请在下面的空白处把它们写出来。

有帮助的方法：

....

....

....

....

....

....

....

应对技巧：

....

....

....

....

....

....

....

外部支持：

....

....

....

....

....

....

....

自身优势：

....

....

....

....

....

....

寻求支持

你有可能觉得，如果有一些额外的支持来帮助你吸收所有这些新信息，本书中讨论和建议的很多内容会更加有效。幸运的是，针对社交焦虑和其他精神健康问题的治疗方法正在越来越受到重视，各种各样的机会也越来越多了。

我建议的第一个资源是心理咨询。如果你患有社交焦虑症，团体治疗和个体治疗可能都会有所帮助。你可以在网上的心理咨询平台找到合适的咨询师，也可以在线搜索你所在地区的"社交焦虑治疗师"或"擅长社交焦虑的心理咨询师"，以获得专业的心理帮助。在网站上，你可以按所在地、保险、专业方向和治疗方法选择咨询师，还可以查看治疗师的个人介绍，以便更好地了解他们。如果你想尝试小组支持或小组治疗，也可以通过平台网站、在线搜索或你所在地区的社群找到。

如果私人执业的治疗师对你而言费用太高，或者出于其他一些原因你找不到私人咨询师，也可以考虑本地的社区心理健康中心。这类中心往往收费很低，为没有医疗补助或保险的人提供个体和团体心理治疗。另外，一些高校和研究生院都设有心理健康服务中心，由专业人员提供督导，这些心理咨询师都会提供低价格的咨询服务。

互联网上有很多关于社交焦虑的信息。你也可以在网上寻找非正式团体，这些团体旨在帮助那些因害羞、社交焦虑、焦虑和抑郁情绪而挣扎的人。这样的团体既构成了良好的暴露环境，又可以为你提供支持。有许多人通过加入社交焦虑者组成的论坛，得到了帮助和支持。除此之外，还有各种在线课程、指南、博客、文章和网站可以提供克服社交焦虑的知识、方法和技巧。这些资源所采取的原则和思路不一定与本书的内容相同，但没关系，因为关键目的是弄清楚哪些方法对你有效，哪些方法可以帮助你采取积极的措施来扩展社交生活。

另外，正如本书中多次提到的，你也许可以考虑在克服焦虑的过程中邀请朋友、伴侣或家人来陪伴你。我并不是说要让他们成为你的治疗师。但是，在征得他们同意的情况下，你可以把他们当作教练或练习伙伴，在你尝试新的情境时，他们或许会与你分享自己的想法，或者陪伴你完成练习。有时候，只要大声向别人说出焦虑的想法，就可以更清楚地看出这些想法有多么荒谬。

很高兴你能花时间阅读本书并尝试练习。你最需要记住的是：要练习直面焦虑而不是回避焦虑，这样生活就会越来越好。保持正念和觉察，为困难的想法和情绪腾出空间，从你对世界的直接经验中学习——这比我在书中告诉你的任何事情都重要得多。因此，请向自己保证，努力做到这一点！

相关资源

　　我强烈推荐社交焦虑者阅读有关接纳承诺疗法的几本
书。第一本是路斯·哈里斯（Russ Harris）所著的《自信的陷
阱 》（*Confidence Gap: A Guide to Overcoming Fear and Self-
Doubt*）。这是一本简单实用的书，其中包含许多解决焦虑的
绝妙技巧和工具。第二本是凯利·威尔逊和特洛伊·杜弗雷
因（Troy DuFrene）的《别让焦虑成为一种病》（*Things Might
Go Terribly, Horribly Wrong: A Guide to Life Liberated from
Anxiety*）。这本书中有更多关于正念和接纳的方法及内容。第三
本是史蒂文·海斯（Steven Hayes）的《跳出头脑，融入生活》
（*Get Out of Your Mind and Into Your Life: The New Acceptance
and Commitment Therapy*），这一本基础的接纳承诺疗法工作手

册，可以帮你应对各种心理健康问题。这本书的主旨是鼓励你停止与痛苦的想法和情绪做斗争，放下它们，过自己想要的生活。

如果你除了焦虑情绪之外，还受到抑郁的困扰，路斯·哈里斯还有另一本通俗易懂的书——《幸福的陷阱》（*The Happiness Trap: How to Stop Struggling and Start Living*）。最后，还有一本带给我许多灵感，并且我经常推荐给来访者的书，那就是维克多·弗兰克尔（Viktor Frankl）的《活出生命的意义》（*Man's Search for Meaning*）。在这本书中，作者描述了自己身处奥斯维辛集中营时，如何在最艰难的情况下找到了生存的意义。

就像我在"寻求支持"一节中所说的，现在有很多寻找治疗方法的途径。除了传统的面对面治疗外，还有许多应用程序和在线治疗平台，你可以在这些平台上给心理咨询师发邮件或消息，这样便可以更灵活地安排你的时间和计划。通常来说，仅仅是知道有人在倾听你说的话，并会为你提供支持和引导，就已经足以带来许多力量了。这些平台每年都在更新，内容逐渐丰富，适用性也在提高。

参考文献

Anxiety and Depression Association of America. Accessed June 1, 2018. http://www.adaa.org.

Hayes, S., K. Strosahl, and K. Wilson. 2012. *Acceptance and Commitment Therapy: The Process and Practice of Mindful Change*, 2nd ed. New York: The Guilford Press.

Tobias, Kristen. "A Bronx Tale." The Albert Ellis Institute. Accessed August 30, 2018. http://albertellis.org/bronx-tale.

Wilson, Kelly, and M. Troy DuFrene. 2010. *Things Might Go Terribly, Horribly Wrong: A Guide to Life Liberated from Anxiety*. Oakland, CA: New Harbinger Publications, Inc.

译 后 记

　　与本书的作者一样，我也曾深深被社交焦虑困扰，脑海中存有许多在众人面前大脑空白、手足无措的记忆。为了缓解这种痛苦以及生活中的其他痛苦，我接受了多年的心理咨询。从心理咨询的视角来看，本书中提供的大部分方法，例如认知重构、逐级暴露练习，都是认知行为取向的。然而我的心理咨询师属于精神动力学派，所采用的并不是认知行为疗法，她对我的帮助更多是寻找焦虑背后的原因，与早年的创伤和解。当我不再自卑、不再厌恶自己时，社交焦虑症状自然也就消失了。

　　如果说回溯成长历史、关注原生家庭的精神动力学派是"自上而下"地解决了我的问题，本书中介绍的认知行为技巧则可以"自下而上"地缓解焦虑症状。所谓"自下而上"，是指无须探究焦虑的成因和根源，只要从日常生活着手，直面你的恐惧即可。当你通过反复练习，掌握了在外在世界与人轻松社交的能力，你的内在世界也会同时发生变化。使用本书不仅能省下高昂的咨询费用，也可以帮助你获得掌控和改变人生的力量感。此外，书中介绍的正念也能缓解焦虑以外的其他情绪，比如抑郁等。

生活与存在的方式是多种多样的。如果你是个内向的人，不必逼迫自己成为一个乐于交际的外向者。本书的根本意义在于帮助你突破对自我的限制，让你不再因为害怕社交而错过自己珍视和心爱的事物。当你摆脱了社交带来的恐惧，每一段独处的时光都是自主的选择，是单纯的享受，而非一种妥协和躲避。我们永远都是有选择的。

维果茨基（Lev Vygotsky）说过，我们通过他人成为自己。与他人交流会带来更多的可能性，也能够抵抗死亡与虚无。交流可以有多种方式，语言只是媒介之一。我们可以闲谈，可以聚会，可以相爱，也可以互相凝望。最重要的是，我们要去争取和获得一种与他者、与这个世界连接的自由。